Ingeborg Becker-Textor
Schwierige Kinder gibt es nicht –
oder doch?

W0056147

praxisbuch kindergarten

Ingeborg Becker-Textor

Schwierige Kinder gibt es nicht!

oder doch?

„Problemkinder" im Kindergarten

Herder Freiburg · Basel · Wien

Gedruckt auf umweltfreundlichem,
chlorfrei gebleichtem Papier

5. Auflage

Einband- und Textfotos: Ingeborg Becker-Textor
Illustrationen: Ulrike und Alexandra Oeser

Alle Rechte vorbehalten – Printed in Germany
© Verlag Herder Freiburg im Breisgau 1990
Herstellung: Freiburger Graphische Betriebe 1997
ISBN 3-451-21451-2

Inhalt

Gedanken zum Einstieg in die Thematik   7

Vorwort   9

1. Problemkinder   13
1.1 Schwierige Kinder im Allgemeinen Kindergarten   15
1.2 Zu den Untersuchungsmethoden, die dieser Veröffentlichung zugrunde liegen   20
1.3 Einschätzung des kindlichen Verhaltens durch die Erzieher-Ergebnisse einer Befragung   25
1.4 Zur Selbsteinschätzung der Erzieher hinsichtlich kindlichen Verhaltens   32
1.5 (Problem-)Kinder im sozialen und familiären Netzwerk   35
1.6 Das „selbstgestrickte" Problemkind im Kindergarten   41

2. *Schwierige Kinder gibt es nicht!*   44
   Zwischenbemerkung   45
2.1 Beobachtung im Kindergarten   46
2.2 Umgang mit dem kindlichen Verhalten   61
2.3 Die Reflexion und ihre Bedeutung   66

3. *Organisationsformen für die Arbeit mit „schwierigen" Kindern*   70
3.1 Möglichkeiten im ganz normalen Tagesablauf eines Kindergartens   71
3.2 Kindergärten und Frühförderstellen   76
3.3 Heilpädagogische Betreuung in Kindergarten und Schulkindergarten   80

4. Kooperationsfelder zur Verbesserung der Situation der „schwierigen" Kinder, ihrer Eltern und Betreuer 85

4.1 Kooperation mit der Frühförderstelle 86
4.2 Kooperation mit dem Träger 88
4.3 Kooperation mit der Grundschule 90
4.4 Kooperation mit der Sonderschule 92
4.5 Kooperation mit der Erziehungsberatungsstelle 94
4.6 Kooperation mit Kinderärzten und Therapeuten 96
4.7 Kooperation mit Ausbildungs- und Fortbildungsstätten für sozialpädagogische Berufe . . 98
4.8 Kooperation mit Einrichtungen der Jugendhilfe 100
4.9 Liste wichtiger Adressen und Telefonnummern 103

5. Die Elternarbeit mit (schwierigen) Eltern von „schwierigen" Kindern 104

5.1 Der Elternabend für „schwierige Eltern" 106
5.2 „Hilfe, mein Kind kann nicht spielen" – ein anderer Elternabend 111
5.3 Freizeiterlebnisse – gemeinsam mit Eltern und Kindern 116
5.4 Verse und Geschichten als Einstieg zum Gespräch über schwierige Kinder 119

Schlußbemerkungen 124

Literatur 127

Gedanken zum Einstieg in die Thematik

„Auch rechnet man ja so vieles zu den Unarten, nur weil es die Eltern stört, während das Kind mit bestem Gewissen tut, was ihm natürlich ist und unverfänglich scheint."

Hermann Hesse
(aus „Lektüre für Minuten")

„Das Kleinkind weiß, was das beste für es ist. Laßt uns selbstverständlich darüber wachen, daß es keinen Schaden erleidet. Aber statt es unsere Wege zu lehren, laßt uns ihm Freiheit geben, sein eigenes kleines Leben nach seiner eigenen Weise zu leben. Dann werden wir, wenn wir gut beobachten, vielleicht etwas über die Wege der Kindheit lernen."

Maria Montessori
(aus „Spannungsfeld
Kind–Gesellschaft–Welt")

„Achtung ist ein gegenseitiger Vorgang. Achtung ohne Selbstachtung ist leer. Nur wer den anderen achtet, kann Achtung erwarten. Achtung bestimmt das Handeln auf eine eigentümliche Weise genauer als Liebe und funktionale Abhängigkeit. Gewalt und Aggression werden durch Achtung nicht ‚verhindert‘, sie werden überflüssig und unbrauchbar. Achtung ist auf eine glückliche Weise sowohl eine pädagogische wie eine politische Kategorie. Wenn wir wollen, daß das Kind unsere Ordnung, die von uns mühsam erkannten Notwendigkeiten, die erprobten Werte und Einrichtungen, die gesellschaftliche Vernunft achtet, müssen wir es erst Achtung erfahren lassen und dann jene Sachverhalte und Vorstellungen. Unsere Achtung vor den Dingen impliziert fast immer eine Nichtachtung des Kindes, und so wird es auch gehindert, die Achtung vor den Dingen zu verstehen.

Hier fängt die erfolgreiche Zurücksetzung der Kinder an, hier beginnt der ‚ungleiche Krieg‘ zwischen Erwachsenen und den störenden, unwissenden, ohnmächtigen, regellosen, zeitlosen, maßstablosen kleinen Menschen."

Hartmut von Hentig
(aus der Ansprache anläßlich der Verleihung des Friedenspreises für Janusz Korczak 1972)

Vorwort

Schwierige Kinder gibt es nicht!
Mit diesem Teil des Titels will ich provozieren und stelle
mich gleichzeitig auf die Seite der Kinder.
   ... *oder doch?* Dieser Zusatz kennzeichnet die Alltagssituation: Man lastet den Kindern an, sie seien schwierig,
verhaltensauffällig, verhaltensgestört.

   Meine Erfahrung: Nicht die Kinder sind gestört, sondern häufig die Beziehungen! Oder anders ausgedrückt:
Kinder sind meist nicht aus sich heraus schwierig, werden
in der Regel nicht schwierig geboren ...

So verstehe ich dieses Buch in erster Linie als „Hilfsaktion" für unsere Kindergartenkinder und als Ratgeber für
Erwachsene:

- für professionelle Erzieher im Kindergarten, Schulkindergarten und in der Grundschule
- für Eltern und für alle anderen Personen, die täglich
  mit Kindern zu tun haben.

Erwarten Sie bitte keine lückenlose Darstellung der wissenschaftlichen Erkenntnisse zur Verhaltensgestörtenpädagogik oder ein Nachschlagewerk für therapeutische und heilpädagogische Methoden, für Angebote zur Behebung oder zumindest Verbesserung von kindlichen Verhaltensauffälligkeiten.* Diesem Anspruch soll und will das vorliegende „Praxisbuch Kindergarten" nicht gerecht werden.

Ich schreibe dieses Buch aus langjähriger Erfahrung als Kindergartenleiterin und auf der Grundlage eines Studiums der Erziehungswissenschaften mit dem Schwerpunkt Verhaltensgestörtenpädagogik. Mein Anliegen ist es, Kolleginnen und Kollegen in der pädagogischen Praxis und Eltern zu erreichen und ihnen zu helfen, unsere sogenannten „schwierigen Kinder" – die es nach meiner Titelaussage ja nicht gibt – besser zu verstehen. Dabei lasse ich mich von Begegnungen, Erfahrungen und Veröffentlichungen leiten, die ich im nachhinein gerne in meinen eigenen Praxisjahren im Kindergarten gekannt hätte. Vielleicht wäre ich dann den Kindern noch besser gerecht geworden, hätte sie besser verstehen und ihren Bedürfnissen entsprechender erziehen können.

Theoretische Überlegungen zum Umgang mit „schwierigen Kindern" geben uns zwar einiges an Information – so habe ich es im Studium erlebt –, lösen aber nicht die Frage nach dem direkten Umgang mit einer „schwierigen Umwelt", „schwierigen Erwachsenen", „schwierigen Eltern" und den sogenannten „schwierigen Kindern". Theorie und Praxis klaffen in der Regel meilenweit auseinander.

Viele kleine Hilfsbrücken zwischen diesen Bereichen habe ich mir im Laufe meines Berufsweges gebaut, um Kindern besser gerecht zu werden. Da lernt man so schön: „Ruhig bleiben, nicht überreagieren?" Leicht gesagt.

Eine meiner Brücken heißt: „Luft anhalten, dreimal tief

---

* Siehe dazu in der gleichen Reihe das Buch von A. Sagi, Verhaltensauffällige Kinder im Kindergarten. Verlag Herder, Freiburg i. Br.

durchatmen, dreimal schlucken, Blick auf die Sache und dann – möglicherweise – reagieren". Vielleicht ist die Reaktion dann auch schon überflüssig geworden. Eine recht simple Brücke, aber hilfreich.

Es gibt sehr viel Literatur, die sich mit dem Problem der „schwierigen Kinder" befaßt, die sie als verhaltensgestört, verhaltensauffällig oder als Kinder mit besonderen Bedürfnissen beschreibt und die verschiedene Arbeitsmethoden, Spiele und Beschäftigungen vorschlägt. Das „schwierige Kind" ist meines Erachtens jedoch in erster Linie nur Symptom für kranke Beziehungen, Fehler und Mängel in der Erziehung, die Kinderfeindlichkeit der Gesellschaft u. ä. In meinen Überlegungen versuche ich deshalb
● zuerst das Kind als Schuldigen zu entlasten
● und das Verhalten von uns Erwachsenen in seiner Wirkung auf Kinder in den Mittelpunkt zu stellen.

Das wird sicher bei manchem Leser Betroffenheit auslösen. Legen Sie bitte das Buch deshalb nicht zur Seite. Sie müssen sich „betreffen" lassen, wenn Sie unseren „schwierigen Kindern" näherkommen und ihnen wirklich helfen wollen. Der einfachere Weg ist sicher der häufig beschriebene „Rezeptweg": auffälliges Kind – Maßnahmen zur Normalisierung.

Lassen wir uns leiten von den Worten Janusz Korczaks aus seinem Buch „Das Recht des Kindes auf Achtung":

„Wir üben unsere Aufmerksamkeit und unseren Erfindungsreichtum im heimlichen Beobachten des Bösen, wir suchen es überall, spüren es auf, verfolgen es, wollen es auf frischer Tat ertappen, wir sehen Schlimmes voraus und kommen zu demütigenden Verdächtigungen. Ein Kind hat die Tür zugeschlagen, ein Bett ist schlecht gemacht, ein Mantel ist verlegt, ein Klecks ist im Heft. Wenn wir nicht schimpfen, nörgeln wir doch, anstatt uns zu freuen, daß es nur das ist. ... Neben einigen fröhlichen und beschwingten Kindern, für die das Leben ein Märchen oder eine schöne Legende ist, die vertrauensvoll und aufgeschlossen sind – gibt es die

Vielzahl der anderen, denen die Welt von klein auf düstere Wahrheiten in schmucklosen, harten Worten verkündet. ...Verschmutzt, mißtrauisch, Menschen gegenüber verschreckt – aber nicht schlecht. Nicht nur das Heim, sondern auch die Diele, der Gang, der Hinterhof und die Straße wirken auf das Kind. Es redet so wie seine Umgebung, äußert Ansichten, wiederholt Gebärden, ahmt Beispiele nach. Wir kennen kein sauberes Kind – jedes wird mehr oder weniger schmutzig. Aber wie rasch macht es sich davon frei und wird sauber! ... Eine neue Generation wächst heran, eine neue Welle erhebt sich. Sie kommt mit Fehlern und Vorzügen; laßt uns die Voraussetzungen schaffen, daß sie bessere Menschen werden können. Wir sind keine Wundertäter – wir wollen aber auch keine Scharlatane sein. Entsagen wir also der trügerischen Sehnsucht nach vollkommenen Kindern und einer vollkommenen Jugend."

Ich hoffe, daß dieses Praxisbuch den Kollegen vor Ort eine Hilfe in der Arbeit und im Verständnis für das „schwierige, auffällige, verhaltensgestörte Kind" sein wird und daß sie so ihren Erziehungsalltag besser und zufriedener bewältigen können.

Rezepte oder neue Spiele zur „Behebung von Auffälligkeiten" werden sie nicht finden, dafür aber Methoden für die tägliche Arbeit mit Kindern und Eltern.

Und ein letzter Hinweis: Alle „Theoretiker", die nicht bereit sind, sich auf die oft abenteuerliche Praxis mit all ihren Fragen und kaum lösbaren Problemen einzulassen, bitte ich, das Buch zur Seite zu legen. Sie finden nicht, was sie suchen.

Problemkinder

1

„K. ist ein braves und kreatives Kind. Er bastelt wunderbar, was ich ihm sage! Er macht keine Probleme."

Zitat einer Erzieherin 1987

Problemkinder. Erzieher klagen. Eltern klagen. Nachbarn klagen. Vermieter und Hausbesitzer klagen. Schrecklich, diese Kinder!

Das Internationale Jahr des Kindes liegt schon über zehn Jahre zurück. Was hat es gebracht? Wie sieht es mit Kindheit heute aus? Ist sie verschwunden, wie Neil Postman schreibt, oder hat sie sich nur bis zur Unkenntlichkeit verändert? Alle reden von den Kindern: die Eltern und Lehrer, die Unternehmer, die Politiker, die Journalisten. Es gibt so viele Angebote für Kinder, daß die Auswahl schwerfällt. Jeder will das Beste für Kinder.

Und dennoch gibt es die sogenannten „schwierigen Kinder". Ihre Zahl steigt von Jahr zu Jahr. Vor mehr als zehn Jahren stellte Professor Sagi, Freiburg, fest, daß bereits 25% aller Kinder im Vorschulalter starke Auffälligkeiten zeigten. Wie viele mögen es heute sein? Als Schätzzahl werden 50% genannt. Aber wem von uns steht es zu, Kinder als Problemkinder zu beschreiben, Verhaltensauffälligkeiten oder gar schwere Verhaltensstörungen zu diagnostizieren?

„Er macht keine Probleme", heißt es im Zitat der Erzieherin. Für mich ist allerdings der Junge ein Problemkind bzw. ist auf dem besten Wege, eines zu werden! K. paßt sich an – zur Zufriedenheit seiner Erzieherin – aber wie lange noch?

Ich möchte Sie nun einladen, mit mir die Behauptung

"Schwierige Kinder gibt es nicht!"

zu erhärten und Partei der Kinder zu ergreifen. Im Verlauf des Textes möchte ich Ihnen als Leser dieses Buches einige Aufgaben stellen. Halten Sie beim Lesen ein, und versuchen Sie bitte, diese zu beantworten.

 In meiner Gruppe fällt mir das Kind … auf, weil er/sie …

Bisher habe ich folgendes unternommen um sein/ihr Verhalten zu beeinflussen bzw. zu verändern: …

Beschreiben Sie das Kind und Ihr Verhalten auf einem separaten Blatt.

Legen Sie diese Niederschrift zur Seite, wir brauchen sie später.

1.1 Schwierige Kinder im Allgemeinen Kindergarten

Um von meiner eigenen subjektiven Einschätzung des Verhaltens „schwieriger Kinder" Distanz zu gewinnen und um die Sichtweisen vieler Erzieherinnen und Erzieher zu berücksichtigen, erhielten 280 Kindergärten einen detaillierten Fragebogen, 69%, das heißt 190 der Einrichtungen, haben den Fragebogen komplett ausgefüllt zurückgegeben.

Weiterhin wurden 130 Interviews in Kindergärten durchgeführt.

Es steht also ausreichend empirisches Material zur Verfügung, das uns helfen kann, den Themenkomplex „schwierige Kinder" gemeinsam zu diskutieren.

Der Fragebogen war so konzipiert, daß er im Rahmen einer Teambesprechung im Kindergarten bearbeitet werden sollte. Ich beabsichtigte damit, ein Gespräch in der Einrichtung in Gang zu setzen.

Eine Erzieherin legte bei der Rücksendung des Bogens folgendes Schreiben bei:

„Ich will mich noch bedanken für das ausführliche Gespräch, das wir anhand des Fragebogens in unserem Kindergarten führen konnten.

Wir waren gezwungen, dran zu bleiben, und es ist uns gar nicht leichtgefallen. Mit einem Mal sind wir auch gar nicht fertig geworden. Jetzt beginnen wir, unsere Kinder regelmäßig zu beobachten. Wir würden uns freuen, wenn Sie uns über das Ergebnis Ihrer Befragung unterrichten würden. Ihr Kindergarten XY-Dorf."

Viele der gestellten Fragen konnten nur ausführlich bzw. an kurz dargestellten Fallbeispielen beantwortet werden. Letztere setzte ich später bei den Interviews ein.

Wie drängend die Beschäftigung mit der Frage der „schwierigen bzw. auffälligen Kinder" ist, konnte ich auch bei einer Vielzahl von Fortbildungsveranstaltungen erfahren:

Im Herbst 1987 wurde auf dem Bundeskongreß des Zentralverbandes Katholischer Kindergärten und Kinderhorte Deutschlands e. V. in Köln eine Arbeitsgruppe mit dem Thema „Schwierige Kinder gibt es nicht! – Nicht die Kinder sind gestört, sondern die Beziehungen!" angeboten. Es meldeten sich binnen weniger Tage so viele Interessenten, daß 9 oder 10 Gruppen zu diesem Thema gebildet werden mußten. Ich hatte die Leitung einer Gruppe übernommen.

Die Vielfalt der Fragen der Erzieherinnen und Erzieher, aber auch die Vielzahl der aufgezählten Verhaltensauffälligkeiten und Schwierigkeiten der Kinder waren erschütternd. Mich trafen besonders die pauschalen Zuschreibungen, wie z. B. „ja, aggressiv sind meine Kinder auch und zappelig". Eine Erzieherin: „Ich weiß nicht mehr weiter. Die Eltern berichten schon bei der Anmeldung ihrer Kinder von Störungen und erwarten von mir, daß ich sie im Kindergarten in kürzester Zeit sozusagen ‚repariere'. Erstens fehlt mir das Wissen dazu, und zweitens will ich das auch gar nicht. Ich will, daß die Kinder sich wohlfühlen und sich frei entfalten können. Wo sonst dürfen sie noch Kinder sein, wenn nicht bei uns im Kindergarten?"

„Wir sind genau in derselben Situation wie der törichte Frosch, wenn wir es nur sehen könnten. Dieses kleine Leben, das wir zu modellieren bemüht sind, braucht kein Drängen und Quetschen, kein Verbessern und Bemäkeln, um seine Intelligenz und seinen Charakter zu entwickeln. Die Schöpfung achtet auf die Kinder ebenso, wie sie dafür sorgt, daß die Kaulquappe zu einem Frosch wird, wenn die Zeit dazu da ist.

‚Aber', höre ich Sie sagen, ‚sollen wir die Kinder tun lassen, was sie wollen? Wie können sie wissen, was das beste für sie ist, wenn sie keine Erfahrung haben? Und denken Sie, was für kleine Wilde sie würden, wenn wir sie nicht Manieren lehrten'. Und ich würde antworten: ‚Haben Sie jemals Ihren Kindern auch nur an einem Tag die Chance gegeben zu tun, was sie möchten, ohne daß Sie sich einmischten?' Versuchen Sie es, und Sie werden erstaunt sein."

Maria Montessori

Haben Sie bei dieser Textstelle aus einem der Vorträge Maria Montessoris ein wenig verweilt? Sollten Sie sie überlesen haben, dann blättern Sie bitte nochmals zurück. Lassen Sie sich Zeit! Vielleicht möchten Sie jetzt schon einmal Ihre Beschreibung eines Kindes in die Hand nehmen und an diesem Beispiel die Worte Maria Montessoris reflektieren? Verweilen Sie!

Können wir der Aufforderung, Kinder tun zu lassen, was sie möchten auch wirklich in ausreichendem Maße nachkommen, oder würde dies ein „Abgleiten" in die antiautoritäre Erziehung bedeuten?

Ich erinnere mich selbst an die Aussage einer Mutter, die ihr „bockiges" Kind in den Kindergarten zerrte: „Tun Sie was dagegen, dafür werden Sie ja schließlich bezahlt. Ich will ein normales Kind!"

In den Augen der Mutter hatte ich wohl den Fehler gemacht, auf die „aggressiven" Verhaltensweisen in ihrem Beisein nicht angemessen zu reagieren. Sie fühlte sich nicht verstanden und entwickelte Ablehnung gegen meine Erziehungsmethoden.

Was sie nicht wissen konnte bzw. nicht akzeptieren wollte, war, daß ich längst Verbündeter ihres Kindes war.

Motiviert durch den Bundeskongreß, veröffentlichte ich einen Beitrag zum gleichen Thema in der Zeitschrift „Kindergarten heute". Er brachte mir Leserzuschriften, aber auch viel Resonanz und Diskussion bei Erzieherfortbildungen. Viel Gegenwehr und Ängste wurden von seiten der Erzieher deutlich, insbesondere bezüglich der

Fragestellung, wieviel jeder von uns – gleich ob in der Rolle von Eltern oder Erziehern – möglicherweise selbst zur „Störung" der Kinder beiträgt.

Dies machte mir deutlich, daß man vor dem Einstieg in die Diskussion den Erziehern erst einmal Schuldgefühle nehmen sowie bei der Betrachtung der kindlichen Situation und Alltagsproblematik beginnen muß.

So bot ich in einer süddeutschen Großstadt eine Erziehungsfortbildung an mit dem Thema:

„Wenn Kinder Zeichen setzen – die stummen Hilferufe unserer Kinder. Wenn wir Kinder genau beobachten, erkennen wir ‚Zeichen', die sie setzen. Auf ganz verschiedene Art und Weise sagen sie uns: ‚Ich brauch Dich! Hilf mir!' u. ä. Gemeinsam wollen wir versuchen, diese ‚Zeichen' der Kinder wahrzunehmen, sie zu beobachten und Folgerungen für das tägliche Zusammenleben im Kindergarten daraus zu ziehen. Eine sensible Wahrnehmung kann uns dabei helfen."

Es meldeten sich innerhalb weniger Tage über 300 Interessenten, so daß ich den Kurs mehrfach wiederholen mußte. Er stand noch lange im Fortbildungsprogramm, ergänzt durch einen Satz Mark Twains: „Pädagogik ist der organisierte Kampf der Erwachsenen gegen die Kinder."

Und wieder müssen wir uns fragen:

● Sind Erzieherinnen und Erzieher überfordert im Umgang mit auffälligen Kindern?
● Erfahren sie in der Aus- und Fortbildung zu wenig Vorbereitung oder Hilfen?

Eine pauschale Antwort wird sicher nicht möglich sein, doch bestätigt ein Blick in die Lehrpläne bzw. Fortbildungsprogramme, daß diesen Themen wirklich kaum Bedeutung beigemessen wird.

Ein weiteres Motiv für die Bearbeitung dieses Themas resultiert auch aus meiner langjährigen Praxis als Kindergartenleiterin, als Fortbildnerin und Fachberaterin für Kindergärten. Immer wieder begegneten mir Erzieherin-

nen und Erzieher, die über „schwierige Kinder" klagten.
Es fiel dabei auf, daß sie immer wieder versuchten, für
den mangelnden Erfolg ihrer Bemühungen nur die räum-
lichen, ausstattungsmäßigen und personellen Voraussetzungen verantwortlich zu machen. Auch schafften sie
besonderes Spielmaterial an oder erprobten therapeutische Mittel und Methoden an den Kindern. Dem folgte in
der Regel Enttäuschung, da positive Verhaltensänderun-
gen bei den Kindern ausblieben oder nicht anhielten.
    Nur wenig bzw. zu wenig wurden Beobachtungen des
kindlichen Verhaltens berücksichtigt: Kind gegenüber
Kind, Kind gegenüber den eigenen Eltern, Kind gegenüber fremden Erwachsenen und Kind gegenüber Erzieherin, aber auch die Auswirkung des Verhaltens der
Erzieher untereinander auf das Kind.

Und das müssen wir alle zuerst lernen: Jeder von uns stößt
in der Arbeit mit Eltern und Kindern an Grenzen – was
nichts zu tun hat mit Schwäche, Versagen oder Unfähigkeit. Nur wenn es uns gelingt, unsere Grenzen anzuneh-
men, werden wir immer genügend Energie für die Arbeit
mit unseren Kindern und ihren ganz besonderen Bedürfnissen haben – um trotz „Müdigkeit" weiterzumachen.

1.2 Zu den Untersuchungsmethoden, die dieser Veröffentlichung zugrunde liegen

„Action research", „Aktionsforschung" oder „aktivierende Sozialforschung" kennzeichnet einen Ansatz gesellschaftlicher bzw. erziehungswissenschaftlicher Forschung, den ich als Grundlage für diese Arbeit gewählt habe. Die Handlungsforschung geht in ihrer Fragestellung von der gesellschaftlichen und pädagogischen Praxis aus. Ihr Auftrag liegt in der Lösung von Problemen. Sie steht zudem im Zusammenhang mit praktischen Lösungsversuchen:

„Sie greift als Forschung unmittelbar – und nicht erst nach vollzogenem Forschungsprozeß als sogenannte ‚Anwendung' der Forschungsprozesse – in der Praxis mit hinein, und sie muß sich daher für Rückwirkungen aus dieser von ihr selbst mitbeeinflußten Praxis auf die Fragestellungen und die Forschungsmethoden im Forschungsprozeß selbst – und nicht erst in der abschließenden Auswertungsphase im Hinblick auf die zukünftige Forschung – offenhalten" (Klafki).

Praxis findet Eingang in die Forschung, und die Forschungsergebnisse können direkt wieder in der Praxis erprobt werden (Wechselbeziehung).

Im Rahmen der Handlungsforschung, so schreibt Klafki 1973, kommt es zu einem „möglichst direkten Zusammenwirken von Forschern und Praktikern im Handlungs- und Forschungsprozeß".

Er bezeichnet die Handlungsforschung als Innovationsforschung, die zu Reformen im Erziehungs- und Bildungswesen führen soll. Die Handlungsforschung weicht von wichtigen Prinzipien ab, die bisher für die empirische Forschung innerhalb der Sozialwissenschaften als verbindlich angesehen wurden. Sie hebt insbesondere das für „klassische" empirische Forschung leitende Prinzip auf, daß die forschenden Personen die von ihnen verfolgten Fragestellungen, die verwendeten Methoden und die zu erforschenden „Gegenstände" bzw. „Forschungsobjekte" während des Forschungsprozesses nicht verändern dürfen.

Im Bereich der pädagogischen Forschung fanden die ersten „Action-research"-Projekte in den USA statt. Geprägt wurde der Begriff von der sozialpsychologischen Schule Kurt Lewins. In der Bundesrepublik wurden die ersten sozialpädagogischen Projekte nach Ansätzen der Handlungsforschung Ende der 60er Jahre, z. B. von Bittner und Flitner, durchgeführt.
    Die methodologische Diskussion der Handlungsforschung steht aber noch immer in den Anfängen.

Nach Klafki zeichnen sich folgende Schwerpunkte ab:

● Handlungsforschung will alle Beteiligten, also Forscher, Praktiker, zu Erziehende, Eltern und sonstige Bezugspersonen in einen komplexen Lernprozeß versetzen. Die Auswahl der Forschungsinstrumente wird dadurch bestimmt, daß sie den Innovationsvorgang nicht behindern dürfen. So muß auf Erkenntnisse verzichtet werden, wenn durch die zu ihrer Gewinnung notwendigen Verfahren der Prozeß gestört werden könnte.

● Die veränderte und sich stets verändernde Praxis wirkt auf den ursprünglichen Forschungsansatz, auf Fragestellungen, Hypothesen und die Auswahl der Forschungsinstrumente zurück. Das bedeutet, daß sowohl das Innovationskonzept als auch die Forschungshypothesen zu Beginn eines Projektes meistens nur rahmenhaft umschrieben und erst im Verlauf der Durchführung schrittweise präzisiert (aber auch erheblich verändert) werden können.

● Handlungsforschung muß die zu untersuchende und zu verändernde Praxis als komplexes Feld betrachten „und daher auch relativ komplexe Forschungsstrategien entwickeln" (Klafki).

● „Für die Handlungsforschung unter emanzipatorischen Leitgesichtspunkten ist es wesentlich, daß sie nicht Zielsetzungen der Innovation und wissenschaftliche Fragestellungen ‚von außen' an die Praxis herantragen will, sondern die Ziele möglichst weitgehend zusammen mit den Praktikern und aus den Bedingungen des jeweiligen Praxisfeldes heraus entwickelt und dementsprechend ihre wissenschaftliche Fragestellung formuliert" (Klafki).

Dies macht notwendig, daß sie sich eingehend mit der Sichtweise der Praktiker im Hinblick auf Probleme auseinandersetzt („Lebensweltanalyse") und Möglichkeiten für eine Kommunikation zwischen Forschern und Praktikern schafft. Es sollten herrschaftsfreie Diskurse miteinander geführt, Probleme kritisch erörtert und dementsprechend argumentiert werden.

● Die im Untersuchungsfeld handelnden Personen sollten von den Forschern nicht mehr nur als bloße Untersuchungsobjekte, sondern als gleichberechtigte, kritische Partner gesehen werden.

So müssen Ziele und Voraussetzungen des Projekts mitgeteilt, Mitbestimmungsmöglichkeiten eingeräumt und Chancen zum Mitvollzug der Forschung gegeben werden.

Da die Praktiker durch ihre konkreten Aufgaben meist voll in Anspruch genommen werden, kann sich dies häufig als schwierig erweisen. So fehlt ihnen oft die Zeit, sich forschungsmethodische Kenntnisse anzueignen. Beispielsweise werden derartige Kenntnisse in der Erzieherausbildung kaum vermittelt.

● Rollenzuschreibungen zwischen Theoretikern und Praktikern werden gelockert, was eine Aufgabendifferenzierung jedoch nicht ausschließt. Diese kann von den Beteiligten kritisch diskutiert werden.

● „Forschungsinstrumente, z. B. Fragebogen, Interviews, Tests, Beobachtungsverfahren u. ä. gewinnen in der Handlungsforschung – jedenfalls zum Teil – einen gegenüber der klassischen empirischen Forschung neuen Sinn: Sie sollen, soweit möglich, zu Hilfen für die Selbstaufklärung, Selbstkontrolle und Selbststeuerung der in dem betreffenden Praxisfeld tätigen Personen werden" (Klafki).

● Im Rahmen der Handlungsforschung kommt es zu einer relativ schnellen Rückmeldung der Praktiker im Bezug auf Zwischenergebnisse der Forschung.

● Das außergewöhnlich hohe Engagement bei Forschern und Praktikern, ihre Erwartungen und die Komplexität des Arbeitsfeldes führen nicht selten zu Problemen innerhalb der jeweiligen Gruppe, aber auch zwischen Theoretikern und

Praktikern. Diese müssen diskutiert werden, damit sie nicht zur Belastung oder zum Hemmnis werden.

● Bei Handlungsforschungsprojekten können nicht beabsichtigte Nebenwirkungen wie z. B. Spannungen im Kollegium bzw. Team und Reaktionen von Außenstehenden an Bedeutung gewinnen. „Beide Faktoren sind im allgemeinen um so gewichtiger, je anspruchsvoller die geplanten oder realisierten Zielsetzungen und Veränderungen der betreffenden Praxis im Verhältnis zum bisherigen Zustand sind" (Klafki).

Bei den bisherigen theoretischen Ausführungen zur Handlungsforschung habe ich das Kind außer acht gelassen. Ich habe immer wieder vom Forschungsobjekt gesprochen, gemeint ist damit in diesem Fall das Kind. Jedes Kind muß aber stets in seiner Individualität gesehen werden, in seinem „Sosein".

„Schaut her! Ich bin ich!"

Im Handlungsfeld hat es eine wichtige Position. Was Theoretiker und Praktiker im Eifer der Forschung oft übersehen, ist, daß das Kind einen Willen hat, eine Meinung, ein Anrecht darauf, auch gehört zu werden. Seine Wünsche und Bedürfnisse müssen im Vordergrund stehen und nicht das Forschungsziel. Was nutzen Ergebnisse, wenn dabei der Mensch „übersehen" wird?

Habe ich am Anfang dieses Kapitels erwähnt, daß ich als Methode die Handlungsforschung ausgewählt habe, so muß ich an dieser Stelle noch auf den Konflikt hinweisen, den diese ausgelöst hat.

So sehe ich mich einmal als „Insider", d. h. als betroffener Erzieher, dessen Handeln beobachtet und überprüft wird, zum anderen aber auch als „Outsider", d. h. als Forscher, der objektiv Stellung nehmen bzw. urteilen soll. Ich könnte aber auch sagen, daß ich mich einmal in der Rolle des Praktikers sehe und das andere Mal in der Rolle des Theoretikers.

Ferner habe ich bei vorliegender Arbeit von einer Fragebogenerhebung Gebrauch gemacht, einer „klassischen" Methode der quantitativen Sozialforschung. Durch sie wurden empirische Daten erhoben, die aber außerhalb des Handlungsprozesse stehen.

Eigentlich haben sie nur Gültigkeit am Tag ihrer Erhebung. Der Prozeß im Handlungsfeld geht jedoch weiter – „Momentaufnahmen" bleiben aber immer nur „Momentaufnahmen".

1.3 Einschätzung des kindlichen Verhaltens durch die Erzieher – Ergebnisse einer Befragung

Kinder und Erzieher verbringen durchschnittlich vier bis acht Stunden gemeinsam im Kindergarten – halbtags oder ganztags.

In dieser Zeit wird gespielt, werden gezielte Beschäftigungen angeboten, finden Gespräche und Spaziergänge statt, werden Aufgaben des Alltags – wie der Gang zu Toilette und Waschraum – bewältigt.

Im allgemeinen werden selten Äußerungen seitens der Erzieher über das kindliche Verhalten bei all diesen Aktivitäten gemacht.

Bei Teamsitzungen und Mitarbeiterbesprechungen fällt es jedoch auf, daß negatives Verhalten der Kinder von den Erziehern als Problemverhalten gesehen und aus diesem Grunde angesprochen wird. Dies führt sehr schnell zu einer negativen Beschreibung auffälligen Verhaltens.

Kinder, die z. B. überangepaßt, gehemmt oder sehr zurückhaltend sind, werden dabei überhaupt nicht berücksichtigt. Sie werden als angenehm und „ohne Schwierigkeiten" empfunden. Hingegen werden besonders aktive Kinder, die sehr viele Ideen haben und kreatives Verhalten zeigen, eher als unbequem, auffällig und störend beschrieben.

So befragte ich Erzieher: „Was verstehen Sie unter dem
Begriff ‚verhaltensauffällig‘?"

Nachstehende Aussagen über die Einschätzung des kindlichen Verhaltens habe ich unter folgenden Gesichtspunk-
ten ausgewählt:

● Wie und woran erkennen Erzieher eine Verhaltensauffälligkeit?
● Setzen sich Erzieher zu dieser Verhaltensauffälligkeit
  in Bezug?
● Fühlen sich Erzieher in der Lage, mit dieser Verhaltensauffälligkeit umzugehen?
● Kennen Erzieher Ansatzpunkte und Hilfen?

Erzieher äußerten sich folgendermaßen:

● „Unter schwierig oder ‚verhaltensauffällig‘ verstehe ich, wenn
  ein Kind nicht kontaktfähig ist und sich nur schwer in die Kin-
  dergartengemeinschaft einordnet, wenn es Unstetigkeit im
  Spiel zeigt, nicht konzentrationsfähig ist, motorische Störungen und psychische Tics aufweist."
● „Wenn ein Kind Schwierigkeiten im Gruppenverhalten hat.
  Wenn sein Verhalten von der Verhaltensnorm abweicht, wobei natürlich der Begriff Norm relativ gesehen werden muß.
  Wenn sich das Kind versperrt und mit anderen nicht in Kontakt treten will. Diese Versperrung wird beeinflußt durch das
  Verhalten des Erziehers."
● „Wenn ein Kind mit vier Jahren die Bedeutung von Worten
  noch nicht begreift, also das Sprachverständnis noch Mängel
  aufweist. Außerdem sollte ein Kind dieser Altersstufe das Ge-
  sprochene motorisch umsetzen können."
● „Als auffällig betrachten wir ein Kind, das sich in seinen Verhaltensweisen von anderen unterscheidet, das eben auffällig,
  z. B. durch Stottern, das schwer lenkbar ist und starke Aggressivität zeigt."
● „Verhaltensauffällig sind Kinder, die sich nicht nach Normen
  des Elternhauses, des Erziehers oder der Gesellschaft verhalten."
● „Wenn ein Kind grundsätzlich andere Kinder schlägt und willkürlich gebaute Gegenstände zerstört, dann ist es verhaltensauffällig. Es verhält sich dann nicht dem Alter entspre-
  chend. Außerdem wenn es die Anweisungen des Erziehers
  nicht befolgt."

Etwa die Hälfte der Erzieher beschrieb keine Auffälligkeiten, benannte aber als häufigste Probleme:

- Gewalttätigkeit, Streitsüchtigkeit,
- Aggressivität,
- Unkonzentriertheit,
- mangelnde Fähigkeit zur Konfliktlösung,
- starkes Liebesbedürfnis,
- Geltungsdrang,
- gewaltsames Aufmerksammachen und Wunsch nach Zuwendung,
- Kontaktschwierigkeiten,
- Sprachstörungen,
- motorische Unruhe,
- persönliche Eigenarten und daraus erwachsende Einordnungsschwierigkeiten,
- übermäßige Zurückhaltung des Kindes.

Du bist ein schlimmes Kind!

Bitte blättern Sie jetzt zurück, lesen Sie die Beschreibungen von Verhaltensauffälligkeiten nochmals. Schreiben Sie auf, warum (oder warum nicht) Sie sich bei einigen Beispielen wiederfinden können!
Was würden Sie den Kollegen raten?

„Wir sollen uns benehmen ..."

Jetzt ist es notwendig, daß wir uns intensiv mit den Begriffen „Verhalten" und „Verhaltensauffälligkeiten" beschäftigen.

In der englischen Sprache heißt Verhalten „behavior". Man könnte diesen Begriff allerdings auch mit dem deutschen Wort „Benehmen" übersetzen: die Art und Weise, wie sich jemand benimmt oder gibt.

Im „Wörterbuch der Psychologie" wird der Begriff Verhalten so beschrieben: „Verhalten als allgemeine Bezeichnung für die Gesamtheit aller beobachtbaren, feststellbaren oder meßbaren Aktivitäten des lebenden Organismus ..."

Wichtig bei dieser Definition erscheint, daß es sich um feststellbare Aktivitäten handelt, d. h. also, daß sie wahrnehmbar sind – von der Person selbst, aber auch von anderen.

Diese Aktivitäten haben keine positive oder negative Zuschreibung, sie sind wertneutral und werden größtenteils durch Reize aus der Personen- und Sachumwelt des Menschen ausgelöst. Erst durch die Festlegung von Wert- und Normvorstellungen individueller oder gesellschaftlicher Art werden Verhaltenskategorien aufgestellt.

Oft wird offenes Verhalten von verborgenem oder verdecktem Verhalten unterschieden. Das offene Verhalten bezeichnet alle beobachtbaren Veränderungen, alles, was wahrgenommen werden kann. Im Gegensatz dazu steht das verdeckte Verhalten. Dies kann nur durch besondere Methoden oder Techniken beobachtet bzw. gemacht werden.

Auch werden Unterscheidungen getroffen zwischen
– angeborenem,
– erworbenem,
– emotionalem,
– symbolischem,
– aufgabenspezifischem,
– altersspezifischem,
– unangepaßtem Verhalten.
Durch diese Unterscheidung wird eine Klassifizierung des Verhaltens bzw. der Verhaltensmuster erleichtert.

Zudem läßt sich das menschliche Verhalten in Verhaltensklassen einteilen:
– motorisches Verhalten
– kognitives Verhalten
– emotionales und affektives Verhalten
– soziales Verhalten.
Auf allen diesen Gebieten vollziehen sich einfache wie komplexe Reaktionen.

Von Verhaltensmustern oder -gewohnheiten spricht man, wenn in der Abfolge von Reaktionen eine Regelmäßigkeit zu erkennen ist.
    Weicht das Verhalten von der jeweils „gültigen" Norm ab, dann spricht man von „auffälligem Verhalten". Es werden Handlungen unterlassen, Erwartungen nicht erfüllt.
    Bewertungen bilden die Grundlage für die Feststellung und die Beschreibung von Verhaltensstörungen. So kommt es zu einer Abhängigkeit zwischen der Person, die Verhaltensstörungen erkennt und beschreibt, und der Person, die sich aus der Sicht der beurteilenden Personen

verhaltensauffällig zeigt. Dieses kann in der pädagogischen Praxis leicht zu Fehldiagnosen führen, insbesondere wenn keine entsprechenden Kenntnisse vorliegen.

Ich habe Erzieher und Erzieherinnen gebeten, sich zu ihren heilpädagogischen Kenntnissen – insbesondere im Bezug auf Verhaltensauffälligkeiten – zu äußern. Diese Fragen und Antworten sollen nun aufgezeigt werden:

- „In welchem Umfang wurde die Leiterin ihres Kindergartens im Rahmen der Ausbildung mit Inhalten aus der Heil- und Sonderpädagogik konfrontiert?"

Nur in 40% der Fragebogen wird die Ausbildung der Leiterin als ausreichend beschrieben.

- „Verfügt das übrige Erziehungspersonal über heilpädagogische Kenntnisse? Wann und wo erworben?"

Dem übrigen Erziehungspersonal (vor allem den Kinderpflegerinnen) fehlen entsprechende Kenntnisse. Der Lehrplan berücksichtigt das „schwierige Kind" nur im Rahmen des Erziehungskundeunterrichtes.

- „Hat aus Ihrem Erzieherteam jemand an einer heilpädagogischen Fortbildungsmaßnahme teilgenommen?"

Von den gefragten Erziehern haben insgesamt nur 14 an einer entsprechenden Fortbildungsmaßnahme teilgenommen.

(Hier muß überlegt werden, wie Erzieher und Erzieherinnen motiviert werden könnten, sich intensiver mit den Fragen der Betreuung von Kindern mit besonderen Bedürfnissen zu beschäftigen, bzw. wie Ausbildung und Fortbildung diese Thematik stärker aufnehmen und praxisrelevant bearbeiten könnten.)

- „Hätten Sie gerne Gelegenheit, sich noch intensiver mit Fragen der Heilpädagogik zu beschäftigen?"

72 befragte Erzieher hätten großes Interesse an einer intensiveren Beschäftigung mit dem Bereich der heilpädagogischen Förderung und Diagnostik. Diese Wünsche

der Erzieher sollten bei der Planung der Fortbildungsangebote für die kommenden Jahre berücksichtigt werden.

- „Wo ist die Ihrem Kindergarten am nächsten gelegene Erziehungsberatungsstelle? Geben Sie die Kilometerentfernung an!"

Bei der Mehrzahl der befragten Landkindergärten liegt die nächste Erziehungsberatungsstelle in einer Entfernung von mehr als 10 km. Dies macht deutlich, daß Beratung in den Landkindergärten schwierig ist. Um eine Beratung in Anspruch zu nehmen, müssen mehr Hürden als in der Stadt genommen werden.

- „Hatten Sie bereits mit dieser Stelle Kontakt bzw. regelmäßig Kontakt?"

23 Kindergärten hatten bereits einmal Kontakt mit einer Erziehungsberatungsstelle. 5 Kindergärten arbeiten intensiv und regelmäßig mit einer Erziehungsberatungsstelle zusammen. 5 Erzieher berichten, daß sie regelmäßigen Kontakt mit einer Erziehungsberatungsstelle haben. 23 Erzieher berichten, daß sie bei Bedarf mit einer Erziehungsberatungsstelle Kontakt aufnehmen.

- „Sind im Augenblick Kinder Ihres Kindergartens in einer Beratungsstelle in Behandlung?"

Von den Kindern sind derzeit 9 Kinder in Behandlung (Fälle, die im Kindergarten bekannt sind).

1.4 Zur Selbsteinschätzung der Erzieher hinsichtlich kindlichen Verhaltens

Hier wird gefragt, in welchen Bezug die Erzieher ihr eigenes Verhalten zum Verhalten bzw. zu den Verhaltensauffälligkeiten der Kinder setzen. Bei den Interviews zeigte sich eine starke Verunsicherung der Erzieher im Bezug auf die Einschätzung ihres eigenen Verhaltens. Ohne „Angriff" gingen sie sofort in „Verteidigungsposition" und verschanzten sich hinter Arbeitsüberlastung, zu viel Verwaltungskram, Unverständnis beim Träger, Ärger mit Praktikanten, schwierigen Eltern und schwer auffälligen Kindern. Dies alles seien Hinderungsgründe, sich nicht genügend mit den eigenen Verhaltensweisen und deren Wirkung auf das kindliche Verhalten auseinandersetzen zu können.

Nachfolgend einige Aussagen von Erziehern, in welchem Verhältnis sie ihr eigenes Verhalten zu dem der Kinder sehen und inwieweit wir von einer Wechselwirkung sprechen können:

- „Bei Überforderung der Erzieherin durch zu große Gruppen und ungenügende Räumlichkeiten ist eine individuelle Förderung nicht so möglich, wie das Kind das Recht darauf hätte.
  Fazit: Auffälliges Verhalten der Kinder, um Aufmerksamkeit zu erlangen."
- „Das Erzieherverhalten ist ziemlich ausschlaggebend, besonders wenn es sich dabei um ein negatives Verhalten handelt und die Kinder sehr aufnahmefähig sind."
- „Es ist sehr schwierig, ein verhaltensauffälliges Kind so zu behandeln wie ein normales Kind in der Gruppe, da sich die Kinder bei der Mehrzuwendung für ein einzelnes Kind schnell vernachlässigt fühlen."

- „In mancher Situation fühlen wir Erzieher uns sehr überfordert. Unser Erzieherverhalten bringen wir im Teamgespräch vor. Auch sind wir glücklich, Anregungen bei der Erziehungsberatungsstelle zu finden."
- „Erzieherverhalten kann sich auf die verhaltensauffälligen Kinder auswirken, ist aber nicht in eine Form zu pressen."
- „Man kann durch Eigenreflexion von sich und dem Verhalten des Kindes lernen. Man sollte sich eine Verhaltensauffälligkeitstabelle machen und seine eigenen Reaktionen darauf festhalten sowie das Verhalten des Kindes auf Erzieherreaktion, dann dies überdenken, eventuell ändern."
- „Steht in sehr engem, wechselseitigem Bezug. Oft wird das Fehlverhalten der Kinder durch falsche Erzieherreaktion erst festgelegt und damit zur konstanten Auffälligkeit."
- „Steht in direktem Bezug; sofort oder längerfristig müssen dem Kind Hilfen angeboten werden; das Erzieherverhalten muß öfters überdacht werden, damit der Erzieher nicht selbst zur Ursache für die Auffälligkeiten der Kinder wird."
- „Die Erwartungshaltung spielt eine große Rolle. Wenn ich in den Kindergarten gehe und daran denke, daß z. B. Holger gestern so bestimmend auf die Kinder einwirkte und hoffentlich heute sich nicht so verhält, dann verhält er sich bestimmt so. Muß ich aber nicht daran denken, sondern gehe ich ohne Vorurteile zu Holger, so scheint dieses Verhalten nicht so ausgeprägt."
- „Ein Erzieher muß auf die Verhaltensauffälligkeiten eines Kindes individuell reagieren. Ansonsten wird die Auffälligkeit womöglich noch verstärkt."
- „Der Erzieher kann Ursache für Schwierigkeiten sein."
- „Indem ich mein Verhalten überprüfe, gehe ich genug auf das Kind ein, erkenne ich seine Schwierigkeiten. Ich muß beobachten, wie sein Platz in der Gemeinschaft ist."
- „Die Verhaltensauffälligkeiten der Kinder hängen zu einem großen Prozentsatz vom Verhalten der Erzieher ab."
- *„Eine schlechte Erzieherin kann eine ganze Gruppe Kinder innerhalb kurzer Zeit in total auffällige Kinder umwandeln* (habe in dieser Beziehung schlimme Erfahrungen gemacht). Mit viel Verständnis, einigen pädagogischen und heilpädagogischen Kenntnissen, möglichst noch mit guter Zusammenarbeit zwischen den Eltern und der Schule sind viele Verhaltensauffälligkeiten auszugleichen."

„... wie geh' ich nur mit dieser ‚Bande' um? Überlegungen einer Erzieherin.“

⅔ der befragten Erzieher nahmen zu diesem Fragenkomplex überhaupt nicht Stellung. Vielleicht fühlten sie sich betroffen, waren nicht bereit, zur eigenen Situation und zur eigenen Problematik Stellung zu nehmen. Die Aussagen auf dem anonymen Fragebogen waren weit offener als die Antworten bei den Interviews. Deutlich wurde auch eine Form von „Hilflosigkeit“. Die Erzieher schätzen ihr Verhalten teils richtig ein. Warum aber verhalten sie sich in der Praxis dann doch anders? Werden sie von der Realität überfordert?

1.5 *(Problem-)Kinder im sozialen und familiären Netzwerk*

Obwohl uns allen bewußt ist, daß sich die Familienstrukturen gewandelt haben, halten wir an einem bestimmten Familienbild, dem der „heilen Familie", fest. Schauen wir zurück, so nehmen wir in der Vergangenheit nur die positivsten Familienverhältnisse wahr.

Damals und heute gab und gibt es jedoch alleinerziehende Elternteile, insbesondere Mütter.

Damals und heute gab und gibt es Arbeitslosigkeit und Armut.

Damals und heute gab und gibt es die berufstätige Mutter.

Die perfekte, generationenübergreifende, innerfamiliäre Kinderbetreuung hat es in Bauern-, Handwerker- und Arbeiterfamilien nie gegeben.

In der Rückschau stilisieren wir die bürgerliche oder adelige Familie hoch, ohne dabei wahrzunehmen, daß gerade in diesen „Modellfamilien" die sogenannte Fremdbetreuung der Kinder an der Tagesordnung war. Ganze Generationen von Frauen lebten als Kinderfrauen oder Kindermädchen und nahmen sich der Kinder anderer an. Nicht selten wurden die Eltern von den Problemen und Fragen ihrer Kinder ferngehalten. Häufig war das Verhältnis zur Betreuerin enger und inniger als zur eigenen Mutter.

Heute werden Kindern aus Teil-, Rest- oder Stieffamilien vorschnell Probleme zugeschrieben, d. h. kurzsichtig Probleme mit der familiären Situation erklärt.

Versuchen Sie einmal aufzuschreiben, in welcher Situation die Eltern ihrer Kinder leben:

Kind	Vater	Mutter	Hinwendung zum Kind nach meiner täglichen Wahrnehmung
Peter	–	noch berufstätig Beruf?	kommt entspannt, geht beim Abholen ruhig auf Peter zu, die beiden bummeln davon.
Susanne	Arzt	Hausfrau	Vater wurde noch nie im Kindergarten gesehen, Mutter stellt überhöhte Leistungsanforderungen an ihr Kind, ungeduldig, hört ihrem Kind kaum zu.
usw.	usw.	usw.	usw.

Sie werden erstaunt sein, wie Ihre Tabelle ausfallen wird. Welche Schlußfolgerung werden Sie wohl ziehen?

Veränderte Familienstrukturen können, müssen aber nicht Auslöser für „negatives" Verhalten sein.

Sicher ist, daß Verhaltensstörungen oder -auffälligkeiten eines Kindes nie isoliert für sich stehen, sozusagen beziehungslos neben den Verhaltensweisen der anderen Mitglieder im Familienverbund oder im Umfeld der Familie. Verhaltensauffälligkeiten müssen immer auch als Beziehungsstörungen gesehen werden. Nicht die Tatsache, daß die Mutter alleinerziehend ist, löst Probleme aus, sondern vielleicht der Umstand, daß sie von Verwandten ob ihres „Makels" umgangen wird und das Kind keine wahren verwandtschaftlichen Beziehungen erleben kann. So mag es z. B. die Großmutter ablehnen, weil sie den „Fehltritt" ihrer Tochter nicht überwinden kann. Was aber kann das Kind dafür?

Eines Tages kam eine Mutter zu mir in den Kindergarten, um dringend mit mir zu sprechen. Sie berichtete:

„Der M. wird immer schlimmer. Der Lauser führt sich auf; wir haben ständig Ärger mit den Nachbarn. Dabei hat er mein ganzes Leben verpfuscht. Ich hätte doch den Mann nie geheiratet. Das hat mir alles M. eingebrockt. Und jetzt führt er sich zum Dank auf, weil er in einer ordentlichen Familie aufwächst. Wenn das so weitergeht, dann kommt er weg, ins Heim oder in Pflege. Dann bin ich wieder ein freier Mensch."

 Was hätten Sie dieser Mutter geantwortet? Was würden Sie dieser Mutter antworten, wenn Sie genügend Bedenkzeit hätten?

Versuchen Sie, daraus ein Rollenspiel bei Ihrer nächsten Teamsitzung zu machen. Vielleicht geht es Ihnen dann wie mir bei einer Fortbildung, als ich plötzlich ein solches Spiel inszenierte.

Die Erzieher und Erzieherinnen meinten, daß es viel zu schnell gegangen sei und sie nicht genügend Zeit zum Überlegen gehabt hätten. Aber im Alltag, da steht die Mutter vor uns, und wir müssen in irgendeiner Form reagieren. Versuchen wir sie „abzuwimmeln", verpassen wir eine große Chance. Reagieren wir unangemessen, kommt sie mit ihren Problemen wieder.

müde?
trotzig?
ärgerlich?

Ekkehard Kloehn nennt drei große „Krankmacher" bzw. Verursacher von Verhaltensauffälligkeiten:

- Frustration,
- Überforderung,
- Konflikt.

Ich möchte das so interpretieren: Erwachsene müssen immer zuerst selbst in den Spiegel schauen und sich viele Fragen stellen:

- Bin ich unzufrieden oder freue ich mich über das Leben, meine Situation?
- Bin ich glücklich?
- Warum bin ich eigentlich so hektisch?
- Warum bin ich so ungeduldig?
- Warum gehe ich so wenig auf die Bedürfnisse meines Kindes ein?
- Warum bin ich so streng oder so nachgiebig?

– Warum schaffe ich es nicht, konsequent zu sein?
– Warum rede ich eigentlich nicht offen mit den Kindern über ... ?
– Warum bemühe ich mich eigentlich nicht, mehr Konflikte auszutragen?
– Warum gebe ich eigentlich so schnell nach?
– Warum verlange ich von meinem Kind stets etwas, das ich selbst nicht tue?
– Warum übe ich eigentlich so einen Ordnungszwang aus
– usw., usw.

Worin liegt nun der Zusammenhang zwischen den vorgenannten „Krankmachern", dem Bericht der Mutter und dem Vorschlag, in den Spiegel zu schauen? Frustration, Überforderung und Konflikt werden als Verursacher für Verhaltensauffälligkeiten bezeichnet. Jedoch nicht nur frustrierte und überforderte Kinder, die Konflikte nicht austragen können, entwickeln Auffälligkeiten, sondern auch Erwachsene! Ihr Verhalten, ihre Auffälligkeit führt dann nicht selten zu einer gestörten Beziehung zum Kind, was wiederum Verhaltensauffälligkeiten auslösen kann. Eine Kette, ein sich fortsetzender Prozeß bahnt sich an.

Wenn Sie mir bis hierher gefolgt sind, so bitte ich Sie, jetzt selbst Ihre „Spiegelfragen" zu entwickeln. Dazu müssen Sie es zulassen und vor allen Dingen „aushalten", sich selbst zu betrachten.

Bestimmt wird es auch manche Fragen geben, die Sie zum jetzigen Zeitpunkt nicht beantworten können (übrigens geht es Eltern genauso). Wichtig ist, daß Sie sich selbst betrachten und bei all Ihren Überlegungen das Wörtchen *ICH* benützen.

Das schließt Verallgemeinerungen und Neutralität aus, „trifft" besser und verhindert ein Wegschieben der Überlegungen von der eigenen Person und den subjektiven Handlungen.

Ein Blick auf Problemkinder aus sogenannten „Rand-gruppen" – was immer man darunter verstehen mag – zeigt, daß sie zusätzlich zu den ganz „normalen" Auffäl-ligkeiten noch viele Zuschreibungen aus ihrer Gruppen-zugehörigkeit erfahren. Dieses betrifft z. B. Kinder und Familien mit anderer Hautfarbe, anderer Nationalität, an-derer Kultur und Sprache, anderer Religion, anderen Le-bensgewohnheiten, Sitten und Bräuchen. Hinzu kommen Aussiedler aus den ehemals deutschen Ostgebieten, Um-siedler, Übersiedler, Asylbewerber, Asylanten, Sinti und Roma, Familien aus sozialen Brennpunkten usw.

Auch hier stellt sich die Frage, ob diese Kinder wirklich schwieriger sind bzw. welche Umstände sie auffällig wer-den lassen.

Bei einem Vortrag in London sagte Maria Montessori im Jahr 1946:

> „Wenn ich sehe, wie die Zahl von unartigen und schwierigen Kindern sich heutzutage vermehrt, so erkenne ich, daß es sich nicht um eine Frage der Moral der Kinder handelt, um etwas Schlechtes im Inneren individueller Kinder. Es handelt sich um eine Frage, wie die Welt um die Kinder herum sie be-einflußt. Es handelt sich mehr um einen Mangel bei den El-tern als bei den Kindern, und man sollte mehr Aufmerksam-keit auf sie verwenden als auf die kleinen Kinder. Wenn wir bessere Bedingungen für die Kinder herstellen wollen, so müssen wir an die Eltern denken … Die Erwachsenen müs-sen auf sich selbst sehen und sagen: ‚Ja, ich verstehe die-ses Problem.' "

1.6 Das „selbstgestrickte" Problemkind im Kindergarten

Bei der Befragung zur Verhaltensauffälligkeit unserer Kindergartenkinder zeigte sich, daß die Mehrzahl der Erzieher sich selbst und ihr Verhalten als Ursache für Probleme ausschließt. Ich meine, daß die Reflexion des eigenen Erziehungsstils und der Reaktion auf die Kinder ungenügend beachtet wird, daß häufig aus „Bequemlichkeit" (aber auch Überforderung durch die große Kindergartengruppe) und Gleichgültigkeit dieser Aspekt keine Berücksichtigung findet.

Gehen Sie nicht auch häufig einfache Wege?

Zwei Beispiele aus der Praxis mögen dies verdeutlichen:

1. Bei einer Fortbildung für Erzieher arbeitete ich mit einer Gruppe von Kindern, um in der ganz konkreten Situation meine pädagogischen Zielsetzungen zu verdeutlichen.

Die Gruppenleiterin machte mich auf das „beste" Kind ihrer Gruppe aufmerksam. „Thomas macht immer eifrig mit, auf ihn kann ich mich absolut verlassen."

Mein Plan war, mit den Kindern einen Sprechtext rhythmisch zu gestalten. Es lief gut, bis es zum Einsatz von Orff-Instrumenten kam. Es gab nur ein Xylophon, ein Sopranglockenspiel und ansonsten nur Klanghölzer, Tambourin, Rasseln u. ä.

Der Einsatz der Instrumente wurde überlegt, Rhythmen geklatscht und gestampft. Wer nun aber sollte dieses Xylophon übernehmen?

Ich ging auf ein schüchternes kleines Mädchen zu und fragte es. In diesem Augenblick stand der fünfjährige Thomas von seinem Stuhl auf und schlug auf mich ein. Er war wütend und schrie: „Das Xylophon bekomme ich und sonst keiner. Fräulein K., stimmt's?"

Die Gruppenleiterin sagte nichts. Thomas wurde immer lau-

ter, schlug um sich, brüllte und drohte: „Wenn ich's nicht
kriege, dann hau' ich alles kaputt. Und das Zeug schmeiß' ich
aus dem Fenster!" Um zu zeigen, wie ernst es ihm war, warf er
ein Klangholz durch das Zimmer – es verfehlte knapp die Glas-
scheibe in der Tür.
„Das macht er immer, wenn er was nicht kriegt", meinte ganz
trocken ein Kind.

Ich möchte den Bericht an dieser Stelle abbrechen und
über das Reflexionsgespräch mit den Erziehern berichten.
Was tut man in so einem Fall? Die Gruppenleiterin berichtete über das Kind. Thomas war ein Wunschkind. Die
Mutter hatte ihren Beruf aufgegeben, um ganz für das
Kind dazusein. Der Vater, Realschullehrer, kümmerte
sich ebenfalls sehr um seinen Sohn.

Ziel der Eltern war es, den intelligenten Sohn optimal
zu fördern. Er bekam immer sofort jeden Wunsch erfüllt.
Mit sehr hohen Forderungen waren die Eltern beim Eintritt in den Kindergarten an die Erzieherin herangetreten.

Thomas bereitete vom ersten Tag an Probleme, insbesondere dann, wenn die Erzieherin nicht sofort auf ihn
reagierte.

Er entwickelte Verhaltensweisen wie Beißen und Schlagen seiner Spielkameraden. Die Erzieherin ging auf ihn
ein, gab nach, erfüllte seine Wünsche. Die Gruppe ge-
wöhnte sich erstaunlicherweise daran; die Forderungen
von Thomas wurden immer größer.

Alle Versuche der Erzieherin mit den Eltern über Thomas zu sprechen, schlugen fehl. Es wurden ihr mangelndes Einfühlungsvermögen und pädagogische Unfähigkeit
vorgeworfen ... Frustriert gab sie auf und nach.

2. Eine Erzieherin hat im persönlichen Bereich große Probleme. Ihre Eltern trennten sich. Man erwartet, daß sie neben ihrem Beruf die Sorge für ihre jüngeren Geschwister übernimmt.
Sie hat kaum Freunde, mit denen sie sich einmal aussprechen
könnte ...
Zudem ist sie noch neu in der Einrichtung und Berufsanfän-
gerin. Es fällt ihr schwer, sich auf die Kinder und ihre Bedürfnisse zu konzentrieren. Sie reagiert unangemessen autoritär
und häufig ungerecht, ist überfordert. Die Gruppe hört nicht auf

sie. Bei ihrer Leiterin und in der Supervision berichtet sie über ihre vielen Problemkinder und beklagt die mangelnden therapeutischen Angebote für „unmögliche" Kinder ...

Sicher sind in jeder Gruppe immer auch Kinder mit besonderen Bedürfnissen. Jedoch darf ich mich als Erzieherin selbst niemals als Verursacher ganz ausschließen. Verhalten löst Verhalten aus; es handelt sich hier also um eine Wechselwirkung. Dies bedeutet, auf einen kurzen Nenner gebracht: Jeder von uns kann Problemkinder auch selbst „stricken".

2 Schwierige Kinder gibt es nicht!

Noch immer stelle ich diese kühne Behauptung auf und möchte sie mit einigen Worten von Janusz Korczak untermauern:

> „Als Schuld wird einem Kind alles angerechnet, was unsere Ruhe, unseren Ehrgeiz und unsere Bequemlichkeit stört, was uns bloßstellt und ärgert, was gegen Gewohnheiten verstößt, Zeit und Überlegung in Anspruch nimmt. Wir sehen in jeder Verfehlung einen bösen Willen.
>
> Das Kind weiß etwas nicht, hat etwas nicht verstanden, nicht begriffen, falsch gehört, sich geirrt, es ist ihm etwas nicht geglückt, es kann nicht – alles wird ihm als Schuld angerechnet. Ein Mißerfolg des Kindes oder ein Unbehagen, jeder schwierige Augenblick – das ist seine Schuld und sein böser Wille. Ist es nicht flink genug oder allzu hastig, hat es eine Arbeit ungeschickt ausgeführt – das gilt als Nachlässigkeit, Faulheit, Zerstreutheit, Widerwille ...
>
> Geben wir taktvoll nach, vermeiden wir unnötige Reibereien, erleichtern wir das Zusammenleben? Sind nicht gerade wir eigensinnig, launisch, angriffslustig und unberechenbar?
>
> Ein Kind fällt auf, wenn es stört und Unruhe stiftet; nur diese Momente bemerken und behalten wir. Wir sehen es nicht, wenn es ruhig, ernst und gesammelt ist.“

(Aus „Das Recht des Kindes auf Achtung“)

Zwischenbemerkung

Was kann unseren Kindern helfen?
   Wie kann es uns gelingen, die schwierigen Kinder (die es nicht gibt) zu lieben, ihnen Freund, Partner, Vorbild zu sein?
   Anregungen aus der Praxis für die Praxis geben Impulse, Hilfe ...

Schwierige Kinder gibt es nicht!

2.1 Beobachtung im Kindergarten

Im Gespräch mit Erziehern und Erzieherinnen war auffallend, daß sie bei Problemen zu schnell nach „Rezepten" und Hilfestellung in Form von „Sofortmaßnahmen" fragten. Die wenigsten konnten ihre Argumentation auf länger andauernde Verhaltensbeobachtungen aufbauen. Viele nahmen Einzelanlässe zum Grund, ein Kind als „schwer verhaltensgestört" zu bezeichnen. Einige Erzieher bekräftigten dies durch Berichte über Beobachtungen des Einzelkindes oder der Kindergruppe. Dabei fiel auf, daß es sich um eine Aufzählung von negativen Verhaltensweisen, die nicht den gegenwärtigen Wert- und Normvorstellungen entsprechen.

So wurden hyperaktive Kinder als „verhaltensgestört" abgestempelt und für „nicht tragbar in einer Kindergartengruppe" erklärt. Kinder, die ihrem natürlichen Bewegungsdrang folgen, wurden als unruhig, unkonzentriert und störend bezeichnet.

Auf meine Frage, ob es auch auffallend ruhige Kinder in der Kindergruppe gäbe, erfuhr ich mehrfach, daß es glücklicherweise auch sehr brave Kinder gäbe, die keine Schwierigkeiten machen würden. Im weiteren Gesprächsverlauf versuchte ich auf solche „braven" Kinder einzugehen, stieß jedoch nur bei wenigen Erziehern auf Verständnis. Einige reagierten entrüstet und meinten: „Wieso, der macht nie etwas, der bleibt immer sitzen, der ordnet sich ein, der ist nicht vorlaut... warum soll er dann gestört sein?"

Die Interviews machten mir deutlich, daß wirkliche Hilfe nur durch Einzelberatung des jeweiligen Kindergartenteams gegeben werden kann, zumal die Erzieher immer den konkreten Einzelfall besprochen haben möchten. Ein Kind gleicht nun mal nicht dem anderen.

Um den Verhaltensbereich im Bezug auf Verhaltensstörungen aufzuschlüsseln, muß Verhalten so konkret beschrieben werden, daß die Darstellung auch von außenstehenden Personen anerkannt und verstanden werden kann. Dabei können verschiedene Methoden eingesetzt werden:

- Beurteilung des Kindes anhand einer Zuordnung durch die Erzieherin,
- Beurteilung des Kindes durch einen außenstehenden Beobachter,
- Beobachtung des Kindes anhand einer Einschätzskala durch die Erzieherin.

So gibt es beispielsweise eine Einschätzskala zur Erfassung gehemmter Verhaltensweisen (von Cranach, Hüffner, Marte und Tellka 1976). Sie besteht aus 47 einzelnen Verhaltensbeschreibungen (ITEMS), anhand derer sich gehemmte und nichtgehemmte 4 bis 6 ½jährige Kinder einer Gruppe unterscheiden lassen. Die in dieser Skala beschriebenen Verhaltensweisen können 3 Bereichen zugeordnet werden:

Passivität:

Aussagen zu diesem Bereich sind zum Beispiel
- das Kind wird selten von sich aus aktiv,
- das Kind nimmt passiv am Geschehen teil und beobachtet nur,
- das Kind ist im Bereich des Freispiels nur wenig initiativ,
- das Kind hat wenig Zutrauen bei bestimmten Aufgaben,
- das Kind kann Bedürfnisse kaum äußern,
- das Kind verläßt sich auf Hilfestellungen anderer,
- das Kind bricht bei Mißerfolg rasch ab,
- das Kind entzieht sich Gruppenaktivitäten.

Angepaßtheit:

- Das Kind verzichtet lieber, bevor es das Spielzeug anderer beansprucht,
- befolgt alle Aufforderungen widerspruchslos,
- reagiert nicht auf Aggressionen anderer,
- zeigt sich selbst nicht aggressiv.

Abhängigkeit:

- Das Kind sucht stets die Nähe der Erzieherin,
- das Kind sucht extrem häufig Körperkontakt zur Erzieherin,
- das Kind spricht bevorzugt und häufiger mit der Erzieherin als andere Kinder.

Die Beobachtung der Kinder muß sich auf verschiedene Situationen beziehen. Beim Freispiel läßt sich z. B. besonders der Grad der sozialen Beteiligung bzw. der Kommunikation eines Kindes innerhalb der Gruppe feststellen. Eine Beobachtung im Freispiel muß aber über einen längeren Zeitraum erfolgen, im günstigsten Fall täglich zur gleichen Zeit.

Es gibt auch eine ganze Anzahl von Beobachtungsbögen. Ich habe bei meinen Interviews in Kindergärten festgestellt, daß Erzieher sehr leicht Begriffe aus den Beobachtungsbögen benutzen und meinen: „Ach ja, so verhält sich Peter auch." So kommt es sehr leicht zu Zuschreibungen, die ohne Hilfsmaterial Beobachtungsbogen nicht erfolgen würden. Es ist daher wohl günstiger, ein Kind zu beobachten und seine Aktivitäten und sein Verhalten einfach aufzulisten. Wiederkehrendes Verhalten, bestimmte Regelmäßigkeiten u. ä können dann in einen *eigenen* Beobachtungsbogen aufgenommen werden. Gleichzeitig kann festgehalten werden, welche sogenannten Normverhaltensweisen bei diesem Kind überhaupt nicht aufgetreten sind oder von der beobachtenden Person nicht registriert wurden.

Eigentlich sollte im Verlauf eines Kindergartenjahres jedes Kind, auch wenn es „nicht" auffällig ist, über einen Zeitraum von einer oder zwei Wochen in dieser Form begleitet werden (als Grundlage für Elterngespräche, im Hinblick auf die bevorstehende Einschulung usw.).

Eine weitere Form der Beobachtung ist die Kleingruppenbeobachtung, wobei das Hauptgewicht auf der sozialen Interaktion liegt. Hier können wichtige, den Gruppenprozeß betreffende Vorgänge erkannt werden. Nach regelmäßiger Beobachtung einer Kleingruppe wird häufig deutlich, warum gewisse Schwierigkeiten in der Großgruppe auftreten, da diese durch die Kleingruppe bedingt oder ausgelöst werden. So lassen sich dann Lösungsstrategien finden und einsetzen.

Ferner muß überlegt werden, welche Rolle dem Beobachter zufällt und wie weit seine Wahrnehmungen objektiv und nicht subjektiv geprägt sind.

Zwei Typen von Beobachtern müssen von Anfang an unterschieden werden:

- der Beobachter, der ganz zufällig etwas sieht und wahrnimmt, sowie
- der Beobachter, der Wahrnehmungen aufgrund eines Beobachtungsauftrages macht.

Bei letzterem können wir mit Sicherheit eine größere Objektivität annehmen.

Es ist äußerst schwierig, Verhalten zu beobachten. Brezinka schreibt:

„Die Eigentümlichkeit der Gegenstände bringt es mit sich, daß in den Sozialwissenschaften die Gewinnung von Gesetzeswissen auf jeden Fall komplizierter ist als in den Naturwissenschaften ... stößt man unter anderem auf folgende Schwierigkeiten: Auf die Unbeobachtbarkeit des fremden Innenlebens und auf den damit zusammenhängenden Zwang zur Deutung mit ihren vielen Irrtumsmöglichkeiten; auf die große Komplexität der psychischen, sozialen und kulturellen Bedingungszusammenhänge; auf die Einmaligkeit der Situation; auf die Veränderlichkeit der Persönlichkeiten, Gruppen, Institutionen und Normen, deren Bedingungen und Wechselbeziehungen. Diese Schwierigkeiten machen deutlich, daß es wohl kaum möglich ist, objektiver Beobachter zu sein. Immer ist der Beobachtende selbst mitbeteiligt und dadurch die Wahrnehmung subjektiv beeinflußt.

... es ist unmöglich, die psychologischen Zustände und Vorgänge, die als innere Determinanten des Handelns wirksam sind, zu beobachten. Beobachter sind an anderen Personen nur Verhaltensweisen und aus diesen ist nicht unmittelbar ersichtlich, welches Bedingungsgefüge ihnen zugrunde liegt ... Zu diesem Zweck muß das Verhalten gedeutet (interpretiert) werden und dazu braucht man ein System von Hypothesen über psychische Phänomene und Kausalzusammenhänge, das selbst teilweise auf Deutungen beruht und nur in beschränktem Umfang empirisch bestätigt ist."

Deutet der Beobachter menschliches Verhalten, so kann er sich leicht irren. Er kann Tatsachen zwar scheinbar objektiv festhalten, aber in dem Augenblick, in dem er eine Deutung versucht, kommt die Beeinflussung durch seine Subjektivität.

„Weil der Mensch in seinem Erleben offen, wandelbar und durch unbewußte Kräfte des eigenen Inneren mitbestimmt ist, ist psychologische Deutung immer auch Deutung in das Unbekannte, Latente, Verborgene und seinem Wesen nach unbestimmte" (Brezinka).

Es bleibt aber die Möglichkeit, daß ein Kind von verschiedenen Erziehern beobachtet wird, und die Beobachtungen miteinander verglichen werden. Dies ist wohl der einzige Weg, subjektive Einflüsse weitgehend auszuschalten. Machen mehrere Personen gleiche oder ähnliche Beobachtungen, so können diese als Fakten festgehalten werden.

Wie und wann aber sollen wir im Kindergarten beobachten?

- Nicht, wenn wir das Verhalten eines Kindes werten wollen und nach Argumenten für uns suchen;
- nicht, wenn uns ein Kind negativ auffällt;
- nicht mit einem vorgefertigten Beobachtungsbogen. Er verlockt viel zu schnell zu unbegründeten Zuschreibungen wie: „Stimmt, aggressiv ist K. auch!"

Die Beobachtungsmethode des Kindergartens darf nicht auf das „Festhalten" von negativen und positiven Eigenschaften des Kindes reduziert werden; wichtig ist vielmehr das Führen eines objektiven Beobachtungsprotokolls. Jedes Kind sollte in dieser Form beobachtet werden, das auffällige, ebenso wie das zurückhaltende, stille und gänzlich unauffällige. Fünf Minuten pro Tag schreiben wir auf, was ein Kind macht. Wir reihen seine Aktivitäten aneinander, verwenden so gut wie keine Eigenschaftswörter und vermeiden die Interpretation seines Verhaltens.

Beispiel: Peter steht am Rand des Bauteppichs. Er setzt einen Fuß auf den Teppich. Klaus gibt Peter einen Schubs. Er fällt hin und wirft dabei den Turm von Susanne und Bernhard ein. Peter weint. Susanne geht zu Peter. Sie redet mit ihm. Zusammen gehen sie an den Maltisch ... usw. (ein „interpretiertes" Beobachtungsprotokoll würde lauten: „Peter ist schüchtern. Er traut sich nicht auf den Bauteppich. Deshalb bleibt er am Rand stehen ... usw.").

Jedes Kind muß immer in einer ähnlichen Situation beobachtet werden (wie z. B. auf dem Bauteppich, am Maltisch oder in der Puppenecke), denn nur dann kann ich als Erzieher oder Erzieherin gleiche Verhaltensweisen unter ähnlichen Rahmenbedingungen feststellen.

Wenn von einem Kind ca. fünf Beobachtungsprotokolle vorliegen – möglichst noch von verschiedenen Wochentagen –, können diese ausgewertet werden.

Dann zeigt sich, daß Peter vielleicht immer Schwierigkeiten hat, zu einer bereits spielenden Gruppe dazuzustoßen oder daß sein Verhalten unterschiedlich ist, je nachdem, welche Kinder bereits vor ihm auf dem Bauteppich mit ihrem Spiel begonnen haben.

Die Auswertung der Beobachtungsprotokolle wird für jedes Kind anders aussehen.

 Jetzt werden Sie sagen: Wann soll ich das noch alles machen? Mein Kindergartentag ist ja schon so voll! Dennoch müssen Sie diese Zeit finden, denn sie verhilft Ihnen zu vielmehr positiver Zeit in der Arbeit mit den Kindern! Sie werden auch überrascht sein über die Wesensvielfalt und Individualität Ihrer Kinder. Auch werden Sie ganz neue Eigenschaften, Fähigkeiten und Fertigkeiten entdecken.

Sie werden die Interessen der Kinder besser kennenlernen, deren Konfliktlösungswege, ihr Verhalten den Spielkameraden gegenüber usw.

Für mich war dieses „Studium meiner Kinder" immer wie ein kleines Abenteuer, voller neuer Entdeckungen.

Also beginnen Sie die Exkursion zu Ihren Kindern, lernen Sie sie noch besser kennen!

Die ausgewerteten Beobachtungsprotokolle liefern Ihnen aber auch wertvolles Material für Elterngespräche.

Hand aufs Herz, wann haben Sie zum letzten Mal den Eltern eines auffälligen Kindes, eines sogenannten schwierigen Kindes, etwas ganz Positives über seine Entwicklung gesagt?

Leider nehmen wir die „normalen" Aktivitäten unserer

Kinder viel zu wenig wahr und nur selten berichten wir den Eltern der Kinder davon. Dabei können wir durch die objektive Beobachtung der Kinder viele Informationen gewinnen und mit den Eltern über positives *und* negatives Verhalten ins Gespräch kommen.

Berichte von Erziehern – auf der Grundlage herkömmlicher Beobachtungen – machten uns deutlich, wie subjektiv ihre Einschätzungen des kindlichen Verhaltens geprägt sind. Es gelingt ihnen nur schwer, ein Problem objektiv zu schildern.

Hier einige Beispiele, wie sie dennoch ihre Probleme bewältigt haben:

● „Ein Kind, 4 ½ Jahre, ist ein etwas schwieriges Kind. Es handelt sich bei ihr um eine Zerrform der Aggression. Sie ist hinterlistig, stößt Kinder im Vorbeilaufen, hat eine Zerstörungswut. Nachts näßt das Kind ein. Bei diesem Kind braucht man viel Verständnis, Geduld und Liebe. Ich habe mit dem Kind auch schon darüber gesprochen, daß es nicht böse ist, sondern nur das, was es tut. Wenn es z. B. Kinder stößt usw. (Kinder sagen immer wieder zu ihr, daß sie böse sei). Die Mutter von diesem Kind ist sehr krank. Seit 1 ½ Jahren gibt es noch ein Geschwisterchen. Das Kind ist sehr oft bei der Freundin der Mutter, wo es jeden Wunsch erfüllt bekommt, damit es ruhig ist. Die Mutter muß öfters vormittags ins Krankenhaus, wo sie Bestrahlungen und Infusionen bekommt. Das Kind ist seit 1 Jahr im Kindergarten, wo es ihm sehr gut gefällt, und sie ist nicht mehr so aggressiv wie am Anfang."

● „Ein Kind könnte man schon fast als ‚gemeingefährlich' beschreiben. Es würgte andere Kinder. In Zusammenarbeit mit den Eltern wurde das zu oft praktizierte Fernsehen abgebaut."

● „Als Christian mit 3 Jahren zu uns in den Kindergarten kam, hatte er ein etwas übersteigertes Geltungsbedürfnis. Da er nicht spielen konnte, machte er den anderen Kindern alles kaputt, um die Aufmerksamkeit der Kinder und Erzieher auf sich zu lenken. Durch ein Gespräch mit den Eltern und das ständige Beobachten, das rechtzeitige Abblocken vieler Situationen und die ständigen Versuche, Christian zum Spiel hinzuführen, haben wir dieses Problem ziemlich bewältigt."

Kinder
sind so verschieden ...

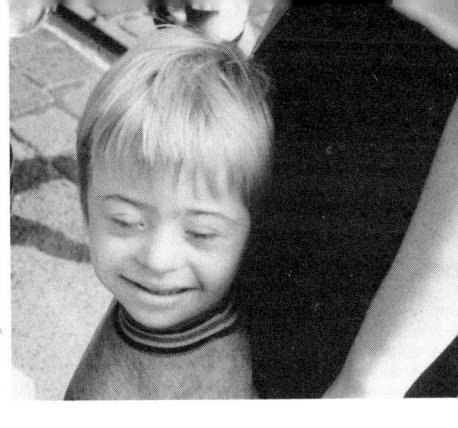

● „Es handelt sich um ein Kind mit Sprachschwierigkeiten, Kontaktschwierigkeiten, schüchtern, ängstlich. Bewältigt durch: Gezielte Zuwendung, Lob, Bestätigung beim Spiel, Basteln usw. Unterstützung der Motorik durch Turnen, zuerst Vertrauen gewinnen über die Erzieherin, dann Hinführung zum Partner, viele Sprachspiele wurden angeboten."

● „Es handelt sich um ein aggressives Problemkind. Bewältigt: Durch Beobachtung, Elterngespräch, Information, gezieltes Erzieherverhalten. Nach ca. 2 Jahren war das Kind so weit, daß es nicht mehr diese Aggressionsausbrüche brauchte. Gelegentliche Ausbrüche erreichten nicht mehr die ehemalige Intensivität."

● „Das Kind lebt bei einer Pflegemutter, die Eltern sind geschieden. Es muß ohne die richtige Mutter leben, obwohl die Pflegemutter gut zu ihm ist. Es fügt sich nur schwierig in die Gruppe ein und stört fast bei jeder Beschäftigung, indem es Kasperle spielt und die anderen Kinder ablenkt. Ich gebe dem Kind meine Liebe und Zuwendung und das hilft."

● „Wir geben uns den Kindern gegenüber nicht als Erzieher. Wir leben mit allen ein freundschaftliches Verhältnis. So haben wir nie schwierige Probleme."

Verhalten löst Verhalten aus; es ist eine Wechselwirkung, bei der zwei Denk- oder Anschauungsweisen aufeinanderstoßen. „Objekt" ist ein und dieselbe Person. Diese kann auch bestimmte Standpunkte haben, nur wird sie oft kaum zu Wort kommen oder ihre Meinung vertreten können.

Sehen wir dies nun im Bezug zum Kind, so bleibt diesem kein Spielraum, seine Interessen und Anschauungen erfolgreich zu vertreten, vielmehr entschuldigt der Erzieher alles mit dem „Deckmäntelchen" Erziehung. So muß angestrebt werden, daß sich der Erzieher viel mehr als bisher mit seinem eigenen Verhalten und dessen Wirkung auf den Zu-Erziehenden auseinandersetzt. Nur so bleibt dem Kind die Chance, für es typische Verhaltensweisen zu behalten und nicht total „erzogen" bzw. angepaßt zu werden.

„Die Kinder sind die wichtigsten Menschen, die wir im Kindergarten antreffen. Von ihnen lernen wir am meisten, nicht nur weil sie am aktivsten und lautesten sind, sondern auch, weil sie uns am deutlichsten zeigen, wie sie fühlen. Ihre Reaktionen sind verhältnismäßig einfach und direkt" (Read).

Und gerade mit dieser Einfachheit und dieser Direktheit können wir Erwachsenen so schlecht umgehen. Vorsichtig ausgedrückt würde ich sagen: Sie überfordert uns. Der Erwachsene kontrolliert viele seiner Reaktionen. Das Kind kann es nicht und will es auch nicht.

„Ihr Verhalten ändert sich rasch. Es wechselt je nach Umwelt und Umständen. Wir können klarer erkennen, was unser Handeln bewirkt, wenn wir die Reaktion eines Kindes beobachten" (Read).

Ich möchte diesen vorangegangenen Satz verändern. Wir *könnten* klarer erkennen ... Wir könnten eine Menge lernen von den Kindern, würden wir sie nur gründlicher beobachten. Wir würden die Verschiedenheit der Kinder erkennen, daß jedes seine eigene Art und Weise hat, mit Situationen fertig zu werden:

● Da ist Klaus. Er ist hyperaktiv. Er wohnt mit den Eltern und drei Geschwistern in zwei kleinen Räumen in einem Übergangswohnheim. Daheim muß er still sitzen, der Bewegungsraum ist stark eingeschränkt, die meisten Aktivitäten werden unterdrückt.

alles
Kindergarten-
kinder

● Da ist Susanne. Sie ist mit ihren 5 Jahren die älteste von vier
Geschwistern. Sie ist daheim die „Große" und kann schon
viele Aufgaben bewältigen: Baby füttern, Aufpassen, Aufräumen, den Tisch decken usw. Daß sie total überfordert wird,
merkt scheinbar niemand. Im Kindergarten spielt sie das
Baby, ist aufdringlich, versucht, soviel Liebe wie nur möglich
zu bekommen.

● Da ist Sven. Er wächst nur mit Erwachsenen auf. Beide Eltern
sind Akademiker. Sie sprechen sehr „geschliffen" und ge-
brauchen viele Fremdwörter. Sven hat im Kindergarten kaum
Anschluß. Die Kinder verstehen seine Sprache nicht. Er wird
dann aggressiv und schlägt, drängt sich dazwischen. Er erfährt immer wieder Ablehnung.

● Da ist Karin. Sie ist noch neu. Sie wirkt verängstigt. Es ist kein
Wunder, kennt man ihre Lebensgeschichte. Mit einem halben
Jahr wurde sie ins Heim gegeben. Dann kam sie in eine Pfle-
gefamilie. Kurz darauf wurde sie zur Adoption freigegeben.
Dies bedeutete wieder einen Wechsel in der Familie.
Sie sitzt in einer Ecke spielt nicht mit. Gegen Körperkon-
takte wehrt sie sich.

Noch viele Kinder könnte ich so aufzählen, jedes einzeln.
Jedes der Kinder, das ich während meiner langen Praxis
betreut habe, war anders.

Wie soll man nun aus dieser Verschiedenheit eine Beschreibung für *das* Kindergartenkind finden?

Es gibt ruhige, freche, vorlaute, liebe, angepaßte, über-
angepaßte, stille, zurückhaltende, fröhliche, bedrückte,
traurige, schweigsame, lebhafte, temperamentvolle, ein-
fühlsame, aggressive … Kinder.

Welches ist das typische Kindergartenkind? Sollten wir
diese Auflistung von Eigenschaften in zwei Gruppen ein-
ordnen? Vielleicht in die Gruppe der Kinder mit „norma-
lem" und der mit „auffälligem" Verhalten?

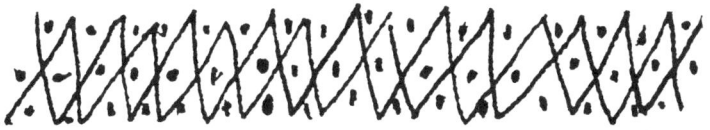

2.2 Umgang mit dem kindlichen Verhalten

Da bereits das Kind in verschiedenen Rollen lebt, in ganz unterschiedlichen sozialen Feldern aufwächst, kommt den Normen, an die es sich anpassen oder die es erfüllen muß, große Bedeutung zu.

So lebt es in der Familie als Einzelkind. Man erwartet von ihm, daß es brav, ruhig und zurückhaltend ist. Zusätzlich besucht das Kind einen Kindergarten und ist dort eines unter vielen Kindern; es kann nicht mehr Mittelpunkt sein. Die Erzieherin möchte, daß das Kind „aus sich herausgeht", nicht nur immer still am Tisch sitzt und wartet, bis es Anweisungen oder Anleitungen bekommt. Zusätzlich geht das Kind noch zum Sportverein und ist halbtageweise bei der Großmutter. Welche Normen bzw. Verhaltenserwartungen haben jetzt für das Kind Gültigkeit? Selbst wenn alle Personen, mit denen das Kind in Kontakt kommt, scheinbar gleiche Norm- und Wertvorstellungen hätten, so würden sich diese durch die jeder Person eigenen Subjektivität unterscheiden.

Das Kind lernt am Modell, am Modell des Erziehers. Der Erzieher muß sich dieser Tatsache voll bewußt sein und sie in die Planung der Arbeit miteinbeziehen. Eine wichtige Rolle spielt dabei die Konsequenz. So schwer es sein mag, aber der Erzieher muß bemüht sein, sich in verschiedenen Situationen „gleich" zu verhalten.

Das Kind muß sich an seinem Verhalten orientieren können und darf nicht seiner Wechselhaftigkeit ausgeliefert sein. Es kann nicht einmal etwas erlaubt sein, was ein anderes Mal verboten wird.

Weiter müssen die Interessen der Kinder Berücksichtigung und Eingang in die Planung der Arbeit finden.

Angebote, die gemacht werden, dürfen somit nicht ausschließlich von den Vorstellungen des Erziehers geleitet sein. So können die Kinder z. B. bei der Aufstellung eines Wochen- oder Monatsplanes einbezogen werden.

In der Praxis läßt sich das gut realisieren. Warum wird diese Möglichkeit von so wenigen Erziehern wahrgenommen?

Erwähnen möchte ich ferner die „Kinderkonferenz". In der Arbeit mit älteren Kindern (z. B. im Hort und im Heim) ist sie sozusagen selbstverständlich.

Im Kindergarten kommt es aber selten vor, daß sich Kinder im Rahmen einer Kinderkonferenz äußern dürfen.

Die meisten Erzieher sehen das als eine Überforderung oder argumentieren mit dem Alter und Unverständnis der Kinder.

Ein weiteres Beispiel aus meiner Praxis mag deren Notwendigkeit nochmals verdeutlichen.

Bei meinen täglichen Beobachtungen ist mir aufgefallen, daß M. in zunehmendem Maße anderen Kindern die Bauwerke zerstört. Er tut es in voller Absicht und will auch, daß alle sehen, daß er es gewesen ist.

Er stellt sich dann auch der Situation und sagt: „Ich hab's kaputt gemacht. Toll." Die Kinder versuchen, ihre Bauwerke vor ihm zu hüten, schließen ihn aus ihrer Spielgemeinschaft aus und laufen sofort zu mir, wenn er wieder etwas „angestellt" hat. Es kommt soweit, daß einige Mütter kommen und vorschlagen, dieses „verhaltensgestörte" Kind doch aus dem Kindergarten zu entfernen.

Das zur Situation. Für Freitag habe ich eine Kinderkonferenz geplant. Wir sitzen alle zusammen. Mein „Assistent" ist eine Handpuppe. Sie heißt Felix und ist immer dabei, wenn Kinder und Erzieher etwas besprechen.

Felix berichtet über seine Beobachtungen, über den veränderten Spielgeist. Er kann sich das nicht erklären. Als erstes Kind meldet sich M. (!) zu Wort und erklärt ihm: „Bei mir daheim macht der S. (es ist M.'s kleiner Bruder) auch alles kaputt. Ich kann gar nicht spielen. Und dann, dann schimpft die Mama. Gestern hat sie mich gehaut. Ich will nicht groß sein. Kleine Kinder werden nicht gehaut."

Felix und die Kindergruppe haben sich alles in Ruhe ange-
hört. Ich sage nichts.

Nach einigen Minuten des Schweigens melden sich die ersten Stimmen aus der übrigen Gruppe.

„Wenn Du immer alles kaputt machst, dann lassen wir Dich
nicht mitspielen."

P. schlägt vor: „Los geh' mit auf den Bauteppich. Alles was
Du baust, das lassen wir stehen. Meine kleine Schwester macht
auch alles kaputt. Da spiel' ich manche Sachen lieber im Kindergarten. Da sind nicht so kleine Kinder, die das noch nicht verstehen, wie Spielen geht."

Noch einige Minuten wird über die Möglichkeiten des Spiels
gesprochen. Eines der Kinder steht auf und sagt: „Jetzt probieren wir's eben mal."

Zwei, die's probieren!

Ich merke, wie schwer es M. fällt, und das Problem wird
sicher nicht an diesem einen Tag und mit diesem einen
Gespräch gelöst sein. Es ist ein Anfang gemacht. Wir alle
helfen M. Die größte Hilfe liegt wohl darin, daß wir seine
Verhaltensänderung mittragen, also unterstützen. Mit der
Zuschreibung, daß er schwierig sei, eben verhaltensgestört, können wir ihm nicht helfen.

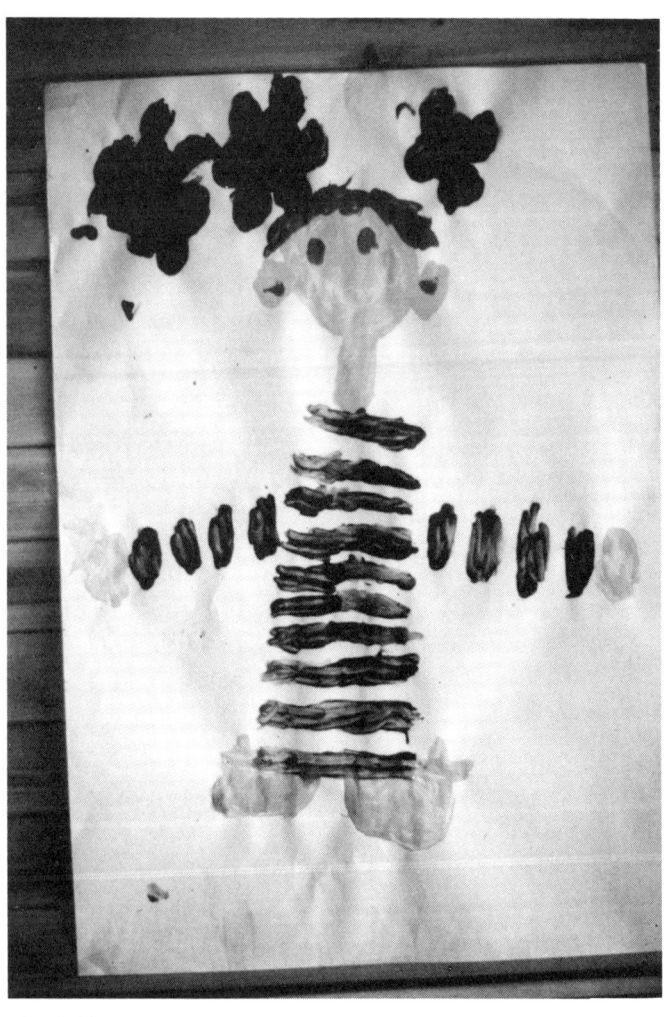

Ein Kind hat Felix gemalt!

Wir nehmen das Kind als Partner an und versuchen, sein Verhalten nicht ständig zu kritisieren, sondern zu verstehen. Der Einsatz der Handpuppe Felix gibt mir als Erzieher die Möglichkeit, mich ganz neutral am Gespräch

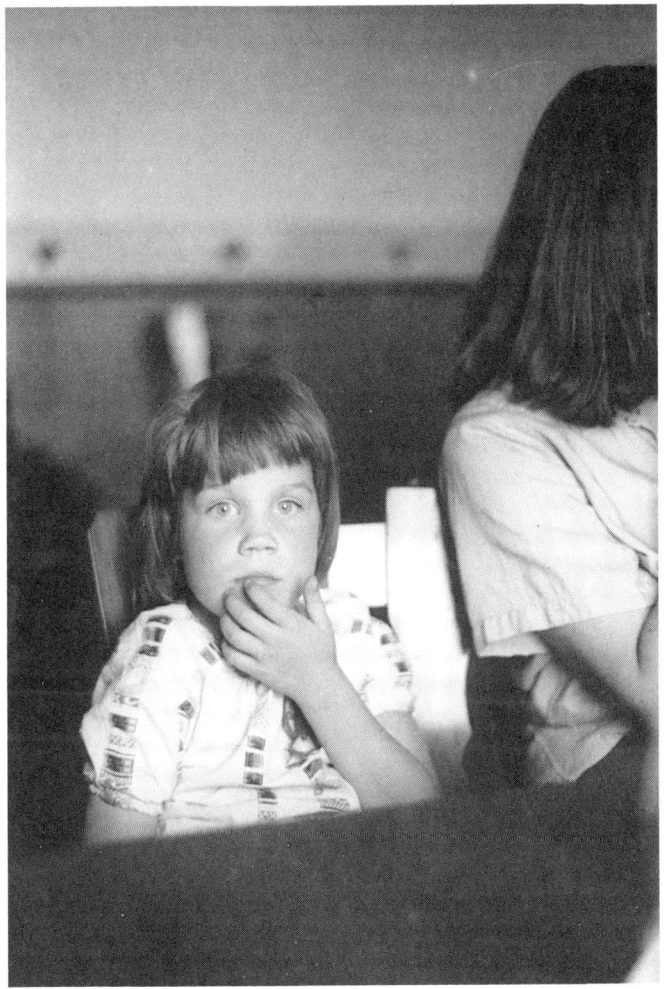

„Was hat der Felix eben gesagt?"

zu beteiligen. Oft fragen die Kinder mich, was ich dazu meine, oder ich stelle selbst Fragen an Felix. So bin ich als starker Erwachsener nicht mehr im Mittelpunkt.

2.3 Die Reflexion und ihre Bedeutung

In den Alltag des Kindergartenpersonals gehören die wöchentliche Vorbereitungszeit und das Teamgespräch. Die Vorbereitungszeit muß im Kindergarten verbracht werden. Viele Kindergärten versuchen, einen Zeitpunkt zu finden, an dem alle Erzieher Zeit haben. So ist oftmals der Kindergarten an einem Nachmittag im Monat ganz geschlossen oder eine Mittagspause während der Woche ist für das gemeinsame Gespräch vorgesehen.

Erzieher werden sich dabei auch mit der Notwendigkeit einer gründlichen Reflexion auseinandersetzen. Die Reflexion wird in jedem Falle erleichtert, wenn man nicht alleine in der Kindergruppe arbeitet.

Man beobachtet sich selbst – aber wie und was der Kollege sieht und wahrnimmt, der mit im Raum ist, das ist etwas anderes. (An dieser Stelle muß erwähnt werden, wie schwer es Lehrern in der Grundschule fällt, Erzieherinnen am Unterricht teilhaben zu lassen. Oft hörte ich den Satz: „Ich lasse mich doch nicht kontrollieren!" Erziehern fällt es viel leichter, „Besuch" in der Gruppe zu haben. Es kommen immer wieder Eltern, die auch einen Tag im Kindergarten mitmachen; Praktikanten gehören zur Tagesordnung. Das hilft, das eigene Verhalten ständig zu kontrollieren und mit anderen zu besprechen.)

Bei diesen gemeinsamen Reflexionsgesprächen tritt jeder in seiner Dominanz in den Hintergrund. Das Verhalten der übrigen Gruppenmitglieder muß berücksichtigt werden. Die Reflexion vermeidet eine Verhaltenszuschreibung beim Kind, einseitig aus der Sicht der jeweiligen Erzieherin. Die Wechselwirkung (daß Verhalten Verhalten auslöst) wird deutlich.

Bei Erziehern, die sich regelmäßig mit ihrem Verhalten auseinandersetzen, taucht häufig der Wunsch nach Supervision durch eine außenstehende Person auf. Der Supervisor bringt die Probleme auf einer ganz neutralen Basis vor, also weg von der oft „emotional geladenen" Ebene des Arbeits- und Bezugsfeldes.

Hat der Erzieher erkannt, daß das Verhalten der Kinder zu einem großen Teil durch sein Verhalten mitbestimmt wird, so wird sich seine Erziehungsarbeit in mancherlei Hinsicht verändern. Vor allem wird er vorsichtiger mit vorschnellen Urteilen sein. Er mag dann Verhalten mit dem So-Sein eines anderen Menschen umschreiben. Damit ist Verhalten frei von negativen oder positiven Zuschreibungen. Erst durch die Subjektivität eines Beobachters, durch dessen Wert- und Normvorstellungen, wird der Begriff Verhalten mit Inhalt gefüllt.

Generell wird negatives Verhalten wesentlich häufiger als positives Verhalten beschrieben.

Daraus läßt sich schließen, daß negatives Verhalten immer als Störfaktor gesehen wird. Der Erwachsene nimmt für sich die Fähigkeit der Verhaltensbeurteilung in Anspruch, klammert sich und sein Verhalten dabei aus. So erschreckt die Vielzahl der Aussagen über mögliche Verhaltensauffälligkeiten, die Erzieher nannten.

So beschrieben sie als verhaltensauffällig oder Verhaltensauffälligkeit:

- Kinder benehmen sich überbetont, d. h. zu laut,
- launisch,
- Verhalten, das gegenüber den anderen Kindern auffällt,
- Verhalten, das von anderen nicht akzeptiert wird,
- Verhalten, das die Gruppe stört,
- Übernervosität, übersteigertes Geltungsbedürfnis,
- ein Kind, wenn es zeitweise über einen längeren Zeitraum hinweg in seinem Verhalten innerhalb der Kindergruppe vom Durchschnitt abweicht,
- extrem, aggressiv, meist auch permanent defensives Verhalten, Entwicklung bestimmter Verhaltensmuster aufgrund nicht sichtbarer seelischer Störungen oder Probleme,

- nicht gruppenfähiges, egoistisches und eigensinniges Handeln,
- wenn ein Kind im Vergleich zu anderen Kindern in der Gruppe negativ auffällt,
- wenn sich ein Kind oft oder immer anders verhält als die anderen Kinder seines Alters,
- Kinder, die Selbstverrat, Selbstbestrafung betreiben,
- Kontaktlosigkeit, fehlende Spielfreunde,
- keine Integration in die Gruppe möglich,
- wenn sich kein erwünschtes Verhalten zeigt,
- motorische Unruhe, ständiger Rededrang,
- Kinder, die von der Norm des Verhaltens in der Gruppe abweichen,
- Wutanfälle, immer bestrebt im Mittelpunkt zu stehen, passives Verhalten, ängstlich, gehemmt, schüchtern, Fingernägel kauend,
- ein sehr ruhiges inaktives Verhalten, Rückfall in Babysprache, mangelndes motorisches Verhalten,
- Hemmungen bei direkter Ansprache, überaktives und lautes Verhalten,
- schüchternes „Sicheinigeln",
- von der Norm abweichendes Verhalten, z. B. sehr aggressives Sozialverhalten, nicht altersspezifisch, auffällige Sprachretardierung, geistige und körperliche Behinderungen,
- Zerstörungswut,
- fehlende oder mangelnde soziale Kontaktfähigkeiten,
- Kinder die sich während des Tagesablaufs in der Gruppe durch ihr Verhalten hervortun,
- destruktives Verhalten, antriebsarme Kinder,
- Passivität als Dauerzustand, Spannungszustände,
- wenn ein Kind sich in den Vordergrund drängt und andere belästigt,
- extreme Konzentrationsschwächen, Kontaktarmut,
- kein Selbstvertrauen, übertriebener Geltungsdrang,
- wenn ein Kind grundsätzlich andere Kinder schlägt und willkürlich die gebauten Gegenstände zerstört,
- befolgt nicht die Anweisungen des Erziehers,
- ordnet sich nicht in die Gemeinschaft ein,
- Schwierigkeiten besonderer Art in der Kontaktaufnahme, im Spielverhalten, bei der Durchführung von Lernangeboten, im Sozialverhalten, persönliche Eigenarten,
- Kinder, die in ihrer Entwicklung von der normalen Entwicklung abweichen in bezug auf Sprache (geringer Wortschatz,

Ausdrucksfehler), sozialem Verhalten (geringer Kontakt-
wunsch, Umgang mit Gleichaltrigen, Gruppengefühl, Kon-
fliktlösungen), Motorik (Grobmotorik, Feinmotorik), Denkför-
derung (Konzentration, Ausdauer, Differenzierung, Problem-
lösung),
- nach Eingewöhnung im Kindergarten anhaltender Mangel an
  Kontaktbereitschaft, schwer abzubauendes aggressives Verhalten, fehlende Bereitschaft für Mitarbeit in der Gruppe,
- ein Kind, das sich in seinen Verhaltensweisen von anderen
  unterscheidet, das eben auffällt, z. B. durch Stottern, schwer
  lenkbar ist,
- Liebesbedürfnis,
- Gewalttätigkeit, Streitsüchtigkeit, Sprachschwierigkeiten,
  Sprachbehinderungen,
- Beklemmung, Führungsanspruch auf Grund übersteigerten
  Selbstbewußtseins,
- übersteigerte Motorik, Kontaktschwierigkeiten, Unfähigkeit
  zu Kompromissen, Schüchternheit, mangelndes Selbstver-
  trauen,
- Zwicken, Schlagen, Beißen,
- Grausamkeit, Brutalität,
- Kontaktscheu, Kasperle spielen,
- Unkonzentriertheit, Streit,
- Schreikrämpfe, Fingerlutschen, Hinterhältigkeit,
- Zerstörungswut,
- Trotz,
- Streit, Kampf, andere Kinder zum Lachen bringen,
- Schreien, Kämpfen,
- Verkriechen, Daumenlutschen,
- Hektik, Sprachstörungen, zu brav, zu angepaßt, zu gefügig,
- Einnässen, Unfähigkeit, Konflikte zu lösen,
- große Lebhaftigkeit.

Jetzt heißt es für die Erzieherin: Wie gehe ich damit um
und wie bin ich bisher mit all diesen Auffälligkeiten umge-
gangen? *Reflexion ist schwieriger als Planung und Vorbereitung.*

Organisationsformen
für die Arbeit
mit „schwierigen" Kindern

Erwarten Sie bitte als Leser an dieser Stelle keine Rezepte und auch keine Lösungen für die Probleme, die eines Ihrer Kinder hat, oder für Schwierigkeiten, die Sie mit Eltern haben.

Meine Praxishilfen orientieren sich vielmehr an den Möglichkeiten, die jeder Kindergarten heute schon hat oder haben könnte, würde er sie wahrnehmen.

Oft sind nur kleine organisatorische Hürden zu überwinden, andere Formen der Elternarbeit zu wählen oder neue Kooperationsfelder zu eröffnen.

3.1 Möglichkeiten im ganz normalen Tagesablauf eines Kindergartens

Ein Kindergarten ist an fünf Tagen in der Woche geöffnet und zwar ganztags, vormittags und nachmittags, oder halbtags. Letzteres finden wir häufig in dünner besiedelten Gebieten.

Im Regelfall gliedert sich der Ablauf des Vormittags in das sogenannte „freie Spiel", die Essenszeit und die Zeit der gezielten Beschäftigung. Neuerdings weicht man von diesen Begriffen ab und gliedert den Vormittag in die 1. und die 2. Spielzeit.

Da nicht alle Kinder zur gleichen Zeit am Morgen kommen, beginnt der Tag mit der 1. Spielzeit, dem Freispiel. Die Kinder kommen in den Gruppenraum und können selbst entscheiden, womit sie sich beschäftigen wollen. Es stehen ihnen im Regelfall alle Spielbereiche zur Verfügung, außer es wurde innerhalb der Gruppe etwas besonderes vereinbart. Diese Zeit ist für die Erzieherin besonders wertvoll. Sie scheint zwar relativ passiv zu sein, hat aber einen guten Überblick über das Geschehen in der Gruppe und so die beste Möglichkeit zur Beobachtung:

– Wie entschlossen kommt das Kind in den Raum?
– Wie reagiert die Gruppe auf den Neuankömmling?
– Wie verhält sich der Neuankömmling?
– Welches Spielmaterial und welche Spielpartner wählen sich die einzelnen Kinder aus? usw.

Das Freispiel bietet für die Erzieherin viele Möglichkeiten, die von der Beobachtung bis zur Einzelbeschäftigung reichen können. Leider wird das Freispiel von den Erziehern meist zu wenig genutzt und durch Verwaltungsarbeit, Elterngespräche, Putz- und Aufräumungsarbeiten „zweckentfremdet".

Dabei ist diese 1. Freispielzeit eigentlich die wichtigste Zeit, um das Verhalten des Kindes zu beobachten und seine Fähigkeiten und Fertigkeiten zu erkennen.

Zwischen der 1. und der 2. Freispielzeit liegt meistens das Frühstück. Vor einigen Jahren hatte man sich für das gleitende Frühstück entschieden. Das bedeutete, daß ein Tisch immer für das Essen gerichtet war und jedes Kind sich den Zeitpunkt für das Frühstück selbst auswählen konnte. Bald beobachtete man jedoch, daß sich sehr viele Kinder um diesen einen Tisch versammelten, also der Wunsch nach gemeinsamem Essen deutlich wurde. So kehrte man im Regelfall zum gemeinsamen Frühstück zurück. Die Mahlzeit zusammen mit der Erzieherin ist für die Kinder sehr wichtig. Man unterhält sich dabei, beguckt sich das Brot des Nachbarn, fragt: „Was hast du denn dabei? Darf ich mal probieren?"

So bietet sich hier eine Möglichkeit zur Kommunikation, die besonders für schüchterne Kinder von großer Bedeutung ist.

Der Rest des Vormittags dient der 2. Spielzeit. Nun werden gezielte Angebote gemacht. Dies kann in Kleingruppen geschehen – die anderen Kinder spielen selbständig weiter, aber auch Beschäftigungen in der Großgruppe sind notwendig. Besonders gilt dies für die Kinder, die eingeschult werden. Sie müssen sich daran gewöhnen, in einer größeren Gruppe gleich starker Kinder zu sprechen, aber sich auch gegebenenfalls zurückhalten zu können. In dieser 2. Spielzeit wird das Thema der Woche oder des Monats vertieft. Wie lange eine Beschäftigung oder ein angeleitetes Spiel dauern soll, dafür gibt es kein Richtmaß.

Immer wieder höre ich, daß 30 Minuten genug seien, sonst würden die Kinder überfordert. Dem kann ich nicht zustimmen. Es liegt vielmehr an der Methode, mit der mit den Kindern gearbeitet wird. Der Erzieher muß selbst einschätzen können, wie weit die Kinder motiviert sind und wie lange ihre Konzentrationsfähigkeit anhält. Werden

die Kinder zum Mittun aktiviert, wird es sicherlich länger sein, als wenn sie nur zuhören müssen. Deshalb erscheint es wichtig, daß bei den gezielten Angeboten immer ein Wechsel der Methoden gewählt wird. Dies läßt sich dadurch lösen, daß ein Thema mit verschiedenen Methoden angegangen wird.

Ein Beispiel kann dies noch näher erläutern:

Das Thema „Wiese" wurde ausgewählt. Als Einführung berichtet ein Schmetterling von einem Ausflug. Er gebraucht nicht das Wort „Wiese", die Kinder sollen es erraten. Es dauert auch nicht lange und man hört die Kinderstimmen: „Wiese, er war auf der Wiese." Nun betrachten jeweils zwei Kinder gemeinsam ein ausgegrabenes Stück Wiese mit einer Lupe. Sie erzählen sich gegenseitig, was sie sehen und beobachten. Diese Partnerübung ist sehr wichtig, da sie sehr intensiv auf die Schule vorbereitet. Dann berichten die Kinder in der Großgruppe, was sie auf ihrem Wiesenstück alles gesehen haben. Es kommt also wieder zu einem sprachlichen Austausch. Im nächsten Schritt lernen wir ein Lied von der Wiese, denn wir haben vorher beobachtet, daß es dort auch Käfer und schöne Pflanzen gibt und daß die Grashalme sich im Wind wiegen. Dieses kleine Lied wird zu einem einfachen Bewegungsspiel ausgebaut. Abschluß der Einheit bildet ein Puzzlespiel aus Dürers „kleinem Rasenstück". Die Kinder können es mit nach Hause nehmen und so den Eltern ein Rätsel aufgeben. Setzen die Eltern das Puzzle zusammen, dann wissen sie, was ihre Kinder an diesem Vormittag im Kindergarten gemacht haben, wenigstens zum Teil.

Die gezielte Beschäftigung mündet wieder in eine sogenannte Freispielsituation, oder wir unternehmen noch einen kleinen Spaziergang, gehen in den Garten usw. Die Kinder sollten nicht auf dem Bänkchen sitzen und warten müssen, bis sie abgeholt werden, da dies nicht dem natürlichen Bewegungsdrang der Kinder entspricht. In der Sommerzeit können alle Spielzeiten auch ins Freie verlegt werden.

Die 1. Freispielzeit kann ohne weiteres im Sand stattfinden. Und wenn sie die Kinder ausreichend draußen bewegt und im Sand gespielt haben, dann kann man sie auch unter einem Baum auf der Wiese zu einer gezielten Beschäftigung sammeln, ohne daß sie abgelenkt werden.

In ähnlicher Weise könnte der Nachmittag verlaufen, an dem in der Regel weniger Kinder anwesend sind. So kann der Nachmittag auch dazu genutzt werden, mit „schwierigen" Kindern einzeln zu arbeiten, mit Ausländerkindern gezielte Sprachübungen zu machen usw.

Im Prinzip verläuft jeder Kindergartentag so. Vereinzelt kommen noch kleine Ausflüge, Spaziergänge, Exkursionen, Besuch im Altenheim und ähnliche Unternehmungen hinzu.

Es wird also deutlich, daß wir durch den Wechsel von Beobachtungen und Angeboten die Kinder in den verschiedenen Situationen kennenlernen können. Und dies ist besonders wichtig, wenn wir Äußerungen zum Verhalten und über die Entwicklung der Kinder machen wollen.

3.2 Kindergärten und Frühförderstellen

Eine Maßnahme ist die „Kombination" einer Frühförderstelle mit einem allgemeinen Kindergarten in einem sozialen Brennpunkt. Hier erfahren die Kinder aus dem allgemeinen Kindergarten ebenfalls eine zusätzliche Förderung. Deren Schwierigkeiten erwachsen meist aus dem sozialen Milieu; man könnte aus diesem Grund von einer sogenannten „sozialen Behinderung" sprechen. In der Frühförderstelle werden Kinder frühzeitig erfaßt, erhalten Einzelförderung, besuchen dann den allgemeinen Kindergarten und können dort weiter gefördert werden. Wichtig ist die Kooperation zwischen beiden Institutionen.

Diese Maßnahme erweist sich unter mancherlei örtlichen Bedingungen als sehr günstig. Schwierigkeiten bereiten Überlegungen hinsichtlich ihrer Übertragbarkeit. Insbesondere läßt sich diese Maßnahme nicht auf ländliche Regionen übertragen, da die entsprechenden Kontaktinstitutionen dort fehlen oder die Kinderzahlen zur Errichtung einer Frühförderstelle nicht ausreichend sind.

Ein Beispiel für die Zusammenarbeit von Kindergarten und Frühförderstelle gibt nachstehender Bericht von Mitarbeitern in einem solchen Kooperationsmodell:

„Entstehungsgeschichte der Kooperation zwischen Kindergarten und Frühförderstelle. Initiiert wurde das Modell der Zusammenarbeit zwischen Kindergarten und Frühförderung für sozial benachteiligte Familien durch die Arbeit der Heilpädagogin der ambulanten Familienbetreuung des Psychotherapeutischen Beratungsdienstes. Die Heilpädagogin mußte während ihrer langjährigen Arbeit feststellen, daß sich der Stadtteil zu einem sozialen Brennpunkt entwickelte, der von ihr nicht mehr in einem ausreichendem Maße betreut werden konnte. In zwei empirischen Untersuchungen wurde nachgewiesen, daß überdurchschnittlich viele Kinder im Vorschulalter keinen Kindergarten besuchten und daß diese Kinder signifikante Defizite in der Entwicklung der Wahrnehmung, der Sprache und der Intelligenz aufwiesen. Beide Wissenschaftler kamen zu dem Schluß, daß ein familiennaher heilpädagogischer Kindergarten den besonderen Bedürfnissen der Eltern und Kinder in diesem Wohngebiet am besten entgegenkommt. Aufgrund dieser Untersuchungen konnte eine Verlegung des Kindergartens von einer abseitigen Randlage ins Zentrum des sozialen Brennpunktes und der Aufbau der Frühförderstelle, die räumlich an diesen Kindergarten angeschlossen wurde, erreicht werden. Da die damalige Leiterin des Kindergartens und ihre Helferin kurz vor der Pensionierung standen und aus dem ehemaligen Kindergarten nur eine Gruppe von sieben Kindern in den neuen Kindergarten überwechselte, wurde von den Trägern beider Einrichtungen beschlossen, daß die Neueröffnung des Kindergartens bis zur Ernennung der neuen Kindergartenleiterin hinausgeschoben werden sollte. In der Zwischenzeit wurden von der Heilpädagogin des Psychotherapeutischen Beratungsdienstes und einem im Rahmen einer Arbeitsbeschaffungsmaßnahme mit dem Aufbau der Frühförderstelle beauftragten Psychologen die Kinder für den Kindergarten aus den Familien des Wohngebietes ausgewählt. Es wurde teilweise bereits vor der Neueröffnung mit der Förderung begonnen. Ebenso wurden aus der bestehenden Kindergartengruppe zwei Kinder in der Frühförderstelle betreut.

Gegenüber diesen ersten Ansätzen begann mit der Neueröffnung des Kindergartens eine neue Phase der Kooperation zwischen Kindergarten und Frühförderung. Da die Mitarbeiter beider Einrichtungen bis zu diesem Zeitpunkt keine Gelegenheit hatten, ihre Vorstellungen auszutauschen, bestanden zunächst zwei Konzeptionen. Erst im Verlauf der täglichen Arbeit fand sich aus sachlichen und organisatorischen Notwendigkeiten – Informationsaustausch über familiäre Situation, Entwicklungsverzögerungen und Verhaltensauffälligkeiten der Kinder bzw. zeitliche Festlegung der Förderstunden, Austausch von Spielmaterial usw. – eine Anpassung beider Konzeptionen statt.

Zur konkreten Situation: Der Kindergärten wird zur Zeit von 23 Kindern besucht. Die häusliche Umgebung der Kinder ist geprägt durch beengte Wohnverhältnisse (z. T. Schlichtwohnung ohne ausreichende sanitäre Anlagen), unzureichende finanzielle Absicherung (Arbeitslosigkeit, Berufsunfähigkeit der Eltern) oder unvollständige Familien (alleinerziehende Mütter, geschiedene Ehen). Daraus resultieren Probleme, wie Ausweglosigkeit, Apathie, Eheschwierigkeiten und Suchtgefährdung.

Die Erziehungskompetenz der Eltern ist dadurch stark eingeschränkt, was sich im Verhalten und in der Entwicklung der Kinder deutlich ablesen läßt. Das Bedürfnis der Kinder nach Zuwendung und Anerkennung ist extrem hoch. Hinzu kommt das Problem der Unaufgeklärtheit und mangelnde Sorgfalt in grundlegenden Gesundheits-, Erziehungs- und Ernährungsfragen.

Entwicklungsrückstände bis zu einem Jahr lassen sich bei etwa 50% der Kinder feststellen. Darüber hinaus werden bei einigen Kindern gravierende Ausfälle im Bereich der Sprache, der Wahrnehmung und der Motorik diagnostiziert.

Der Kindergarten kann alleine nicht ausreichend kompensatorisch wirken, da vor allem das soziale Verhalten dieser Kinder stark depraviert ist. Eine Unterstützung durch Einzelkontakte und in der Kleingruppe ist notwendig, die es den Kindern ermöglicht, Defizite aufzuholen und vorsichtig Lernschritte zu erproben. Diese Aufgabe fällt der Frühförderung zu.

Gegenwärtige Formen der Kooperation: Zur Zeit werden 12 Kinder des Kindergartens zusätzlich in der Frühförderstelle betreut. Je nach Schwerpunkt der Problematik kommen als methodische Ansätze Spieltherapie, Psychomotorik, Rhythmik, Wahrnehmungstraining, soziale Spielgruppe, Sprachaufbau und Sprachtherapie (unter Anleitung eines Logopäden) zur Anwendung.

Die Auswahl der Kinder wird in Gesprächen mit der Erzieherin und aufgrund von gezielten Verhaltensbeobachtungen im Einvernehmen mit den Eltern getroffen.

Schon vor Eintritt in den Kindergarten ist eine langsame Anbahnung und Einführung der Kinder notwendig. Es hat sich gezeigt, daß dadurch viele Eingewöhnungsschwierigkeiten vermieden werden können.

Die Basis der gemeinsamen Arbeit zwischen Kindergarten und Frühförderstelle bildet der ständige gegenseitige Austausch und die Rückmeldung über Beobachtungen, Fortschritte und Schwierigkeiten der Kinder. In diesem Komplex ist auch der Kontakt mit den Eltern eingeschlossen. Er findet in der Form von Elterngruppen, Elternabenden, Einzelgesprächen und Hausbesuchen statt. Auch hier ist die gegenseitige Information sehr wichtig. In die Arbeit am Kind muß der häusliche Hintergrund miteinbezogen werden. In besonders schwierigen Situationen ist dies oft täglich notwendig, um sich gegenseitig zu stützen und zu entlasten. Da die Heilpädagogin der ambulanten Familienbetreuung des Psychotherapeutischen Beratungsdienstes aufgrund langjähriger Arbeit viele Eltern der Kindergartenkinder kennt und zum Teil auch noch betreut, findet darüber hinaus monatlich eine gemeinsame Besprechung zwischen Frühförderstelle, Kindergarten und ambulanter Familienbetreuung statt.

Bei Fragen der Einschulung oder bei der Überweisung an andere Einrichtungen (z. B. SVE der Sprachheilschule) ist die Koordination mit den betreffenden Stellen notwendig. Entscheidungen werden im Team getroffen."

Abschließend kann gesagt werden, daß erst durch die enge und kooperative Zusammenarbeit zwischen beiden Stellen den Bedürfnissen und Schwierigkeiten der Kinder begegnet werden kann.

3.3 Heilpädagogische Betreuung in Kindergarten und Schulkindergarten

Um Entwicklungsstörungen bei Kindern im Alter von drei bis sieben Jahren zu beheben, bedarf es im Einzelfall der intensiven Zusammenarbeit der Eltern, des Erziehungspersonals in den Kindergärten, der Erziehungsberatungsstelle, der heilpädagogischen Fachkraft, des Kindergartens und gegebenenfalls der Schule.

Die Zusammenarbeit kann im einzelnen wie folgt aussehen:

Kinderarzt und Psychologe der Erziehungsberatungsstelle diagnostizieren die Verhaltensauffälligkeit und schlagen in Abstimmung mit der heilpädagogischen Fachkraft Art und Umfang der heilpädagogischen Maßnahmen vor. Bei vom Schulbesuch zurückgestellten Kindern soll die verantwortliche Lehrkraft bei der Erstellung der Diagnose hinzugezogen werden. Die heilpädagogische Fachkraft führt die für notwendig erachteten heilpädagogischen Maßnahmen im Kindergarten und Schulkindergarten durch. Sie löst dabei behandlungsbedürftige Kinder aus den Kindergartengruppen heraus und fördert sie gezielt einzeln oder in Kleingruppen.

Das Erziehungspersonal des Kindergartens unterstützt und ergänzt die Arbeit der heilpädagogischen Fachkraft. Kinderarzt und Psychologen der Erziehungsberatungsstellen sollten von Zeit zu Zeit das Ergebnis der heilpädagogischen Förderung überprüfen. Die Eltern der Kinder werden soweit wie möglich durch Elterngespräche, Elternanleitung und Elterntrainingsprogramme in die Förderungsmaßnahme einbezogen.

Aufgaben der Mitarbeiter:

● *Sozialpädagogin:* Ihr untersteht die Leitung des Schulkindergartens. Sie übernimmt die Praxisanleitung der Berufspraktikantin. Die Vorbereitung und Durchführung des pädagogischen Programms wird von ihr mit der Berufspraktikantin abgesprochen. In Zusammenarbeit mit der Heilpädagogin übernimmt sie auch Einzelförderungen bestimmter Kinder. Ebenso obliegt ihr die Nachbetreuung der schon eingeschulten Kinder. Einen wesentlichen Teil ihres Aufgabengebietes nimmt die Elternarbeit ein, ebenso wie der Kontakt zu den Erziehungsberatungsstellen, den Grund- und Sonderschulen, dem allgemeinen Kindergarten usw.

● *Berufspraktikantin:* Sie arbeitet unter Anleitung der Sozialpädagogin und der Heilpädagogin im gesamten pädagogischen Aufgabenfeld des Schulkindergartens.

● *Heilpädagogin:* Ihre Aufgabe umfaßt hauptsächlich Einzel- und Kleingruppentherapie, sowohl im Schulkindergarten als auch im allgemeinen Kindergarten. Voraus geht die Beobachtung der Kinder in der jeweiligen Gruppe. Zugleich führt sie regelmäßig Gespräche mit den Erzieherinnen über den Entwicklungsverlauf der Kinder. Hinzu kommt eine intensive Elternarbeit in Form von Elterngesprächen, Elternabenden und Elterntrainingsprogrammen.
Die Heilpädagogin hält weiterhin Kontakt mit den Erziehungsberatungsstellen, den zuständigen Ärzten und der Schule. Zwischen Schulkindergarten und Kindergarten besteht eine enge Zusammenarbeit, z. B. durch regelmäßige Teamgespräche, gemeinsame Feste und gemeinsame Planung vieler organisatorischer Fragen.

● *Gründe für den Schulkindergartenbesuch bzw. Auffälligkeiten und Defizite der Kinder:* Ein Teil der Kinder wird auf Wunsch der Eltern im Schulkindergarten angemeldet. Einige Kinder werden nach der Schuleinschreibung oder nach der Probezeit in der Schule aufgenommen. Auch die Erziehungsberatungsstellen oder das Jugendamt verweisen Eltern auf den Schulkindergarten. Vorwiegend auftretende Symptome der Kinder sind:

- Konzentrationsschwäche und Mangel an Ausdauer,
- Wahrnehmungsstörungen,
- soziale Unreife,
- Entwicklungsdefizite,
- gestörte Psychomotorik,
- Sprachstörungen,
- Kontaktstörungen,
- Aggressivität,
- Hypermotorik,
- starke Gehemmtheit, starke Ängste.

Vorstehend ist jeweils ein Grundsymptom genannt. Bei den meisten Kindern liegen mehrere Schwierigkeiten vor.

Außerdem wurden folgende Symptome beobachtet: Bettnässen, Daumenlutschen, Nägelkauen, Sprachschwierigkeiten, Autismus usw.

● *Elternarbeit:* Effektive Arbeit am Kind setzt intensive Elternarbeit voraus, die regelmäßig in verschiedenen Formen durchgeführt werden muß. Kontakt zu den Eltern wird wahrgenommen durch Einzelgespräche, Hausbesuche, Elternabende mit Kleingruppenarbeit, Feste, andere Aktivitäten von Eltern und Kindern, Elternbriefe, Elterntrainingskurse in Zusammenarbeit mit der Erziehungsberatungsstelle, Spielnachmittage für Eltern und Kinder u. ä. Die Entwicklung einer konstruktiven Zusammenarbeit zwischen Erziehern, Kindern und Eltern ist dringend notwendig. Beobachtungen über problematische Verhaltensweisen in den unterschiedlichsten Situationen können ausgetauscht und besprochen, eine gemeinsame Vorgehensweise sowohl in den Einzelspielstunden als auch in der Großgruppe entwickelt werden. Die dadurch gewonnenen Erkenntnisse sind Grundlage für weitere Maßnahmen.

● *Zusammenarbeit mit anderen Institutionen:*
- Psychotherapeutischer Beratungsdienst
- Jugendamt
- Kindergarten und Schulkindergarten
- Wohlfahrtsverband
- Erziehungsberatungsstellen
- Kinder- und Jugendpsychiatrie
- Sprachheilschule
- Grundschule
- Kinderärzte
- Familienbildungsstätte
- u. a.

● *Ziele und Inhalte der heilpädagogischen Förderung im Kindergarten und Schulkindergarten:* Das allgemeine Ziel ist die Gewährleistung bestmöglicher Entwicklungs- und Bildungsmöglichkeiten, die Gewährung allgemeiner und individueller erzieherischer Hilfen, die Förderung der Persönlichkeitsentfaltung und der sozialen Verhaltensweisen sowie der Ausgleich von Entwicklungsdefiziten. Ziele im einzelnen können sein:

- *Abbau von Verhaltensweisen:* Der Abbau von Verhaltensweisen, die entweder für die Persönlichkeit des Kindes oder für die Eltern und sonstige Bezugspersonen zur Belastung geworden sind und eventuell eine Störung der Persönlichkeit des Kindes und/oder eine Storung der Beziehung zwischen Eltern und Kind nach sich ziehen und/oder verfestigen.
- *Aufbau von nicht vorhandenem oder wünschenswertem Verhalten:* Der Aufbau eines noch nicht vorhandenen oder wünschenswerten Verhaltens, wie z. B. Sprachkompetenz, Erlernen von Regeln und Grenzen, selbständige Benützung der Toilette, adäquate Interaktion mit anderen.
- *Förderung im Ausgleichsbereich:* Durch Musik, Rhythmik, Malen, Basteln, Spiel, Wandern usw. soll dem Kind die Möglichkeit gegeben werden, seinen Gefühlen Ausdruck zu verleihen, sich entspannen zu lernen und gegebenenfalls neue Wege der Auseinanderset-

zung mit sich selbst und anderen zu finden. Häufig wird es dem Kind im Ansprechen dieser Bereiche erst ermöglicht, weitere Schritte in seiner Persönlichkeitsentwicklung zu vollziehen.

— *Milieubedingte Defizite ausgleichen:* Kindern, die trotz prophylaktischer Hilfen (ambulant, stationär) zu verwahrlosen drohen, wird eine erzieherische Umwelt mit personaler Intensität, Konstanz, Verläßlichkeit, Wärme und Konsequenz geboten, um einer eventuellen Heimeinweisung entgegenzuwirken.

— *Integration:* Integration von normal entwickelten Kindern und solchen, bei denen Entwicklungsdefizite bzw. Entwicklungsexzesse zu beobachten sind.

Kooperationsfelder zur Verbesserung der Situation der „schwierigen" Kinder, ihrer Eltern und Betreuer

Schwierige Kinder gibt es nicht! Jedenfalls sind sie es nicht, weil sie aus sich selbst heraus schwierig sind oder gar schwierig sein wollen. Zeigen sich Symptome einer „Auffälligkeit", so sind die Ursachen und Auslöser sehr komplex zu sehen: Umfeld, Familie, Geschwisterkonstellation, Großeltern, Spielmaterial, Fernsehen u. a. sind beteiligt. Ebenso komplex müssen demnach die Hilfen sein. So muß auch eine Vielzahl von Kooperationsfeldern erschlossen werden, von Kindergarten zu Kindergarten, Kind zu Kind, Familie zu Familie usw. Vor allem aber ist zur Verbesserung der Situation der Aufbau einer guten Kooperation mit verschiedenen Institutionen der Schule oder der Jugendhilfe notwendig.

4.1 *Kooperation mit der Frühförderstelle*

Früherfassung muß als eine Präventivmaßnahme zur Verhinderung oder zum Abbau von Verhaltensauffälligkeiten gesehen werden.

Der Begriff der Früherfassung ist uns aus dem Bereich der Behindertenarbeit vertraut. Behinderungen sollen so früh wie möglich erkannt und erfaßt werden, um so rechtzeitig helfend und stützend eingreifen zu können. Den verschiedenen Behinderteneinrichtungen sind Abteilungen angeschlossen, die sich mit der Früherkennung befassen. Wurde vom Arzt oder von den Eltern eine Auffälligkeit festgestellt, so können dort durch spezielle Untersuchungen eventuelle Frühschäden festgestellt werden, und die Frühförderung, die oft heilende Wirkung hat, kann einsetzen.

In den vergangenen Jahren hat man jedoch immer wieder beobachtet, daß nicht eine Auffälligkeit isoliert auftritt. Eine Primärschwierigkeit löst Sekundärverhaltensveränderungen aus. Dies führte vielerorts zum Zusammenschluß der Frühförderstellen und zur interdisziplinären Zusammenarbeit.

Es ist schwierig, z. B. ein ein- oder zweijähriges Kind, bei dem scheinbar eine Entwicklungsverzögerung vorliegt, einer bestimmten Behinderungsart zuzuordnen und damit auch gleichzeitig bestimmte Verhaltensweisen festzuschreiben. Vielmehr bedarf es verschiedenster Förderung durch Fachleute aus den unterschiedlichen Disziplinen. Nur so kann eine Überbewertung der Entwicklungsverzögerung verhindert werden. Es gibt mittlerweile Frühförderstellen, die beginnen, in dieser Form zu arbeiten. Ihr Aufgabenbereich erstreckt sich in erster Linie auf die ländlichen Regionen. Eine Information der ansässigen

Ärzte und Kinderärzte sowie der Kindergärten und Schulen geht voraus.

Wird der Frühförderstelle ein hilfsbedürftiges Kind bekannt, so wird der Sozialarbeiter zuerst das tägliche Umfeld des Kindes kennenlernen, also einen Hausbesuch machen. Gemeinsam mit dem behandelnden Arzt und dem Therapeuten wird ein Therapieplan erstellt. Es kommt auf die Nähe der Frühförderstelle an, ob die Förderungsmaßnahmen dort oder innerhalb der Familie angeboten werden. In den meisten Fällen bietet der familiäre Rahmen die weitaus bessere Situation. Die Mutter oder andere Familienmitglieder können miteinbezogen werden. Übungen und Spiele können der jeweiligen häuslichen Situation angepaßt werden. Nach einer gewissen Anlaufzeit übernimmt die Mutter selbständig Aufgaben des Therapeuten, wobei sie stets mit der Frühförderstelle in Kontakt bleibt und von dort Anleitung erhält. Sind Auffälligkeiten – wenn nicht organisch oder medizinisch bedingt – systembedingt, kommt auf die Mitarbeiter der Frühförderstelle auch die sehr wichtige Aufgabe der Elternberatung zu (nicht selten muß eine Familienberatungsstelle zugezogen werden).

Viele Kinder bringen den Kontakt zur Frühförderstelle schon mit in den Kindergarten. So gewinnt neben den Eltern das Erzieherteam als Kooperationspartner für die Frühförderstelle an Bedeutung.

4.2 Kooperation mit dem Träger

Eine weitere Institution, mit der kooperiert werden muß,
ist der Träger (die Kirche, die politische Gemeinde, der
Verband u. ä.). Wie kann die Kooperation mit dem Träger
die Situation des verhaltensauffälligen Kindes verbessern?
Die Praxis bei den Kindergartenbesichtigungen zeigt, daß
das Bild vom Kindergarten bei den Trägern in der Mehrzahl einseitig finanziell geprägt ist, daß Kindergarten
noch immer gleichgesetzt wird mit: „Da wird ja nur gespielt, und das Personal ist da, daß nichts passiert." Nur
wenige Träger sind wirklich informiert, was in ihrem Kindergarten geschieht, welche Probleme auftauchen bzw.
welche Möglichkeiten es gäbe, Abhilfe zu schaffen, wo
dies notwendig ist. Leider liegt das Desinteresse auf beiden Seiten. Die Erzieher informieren die Träger zu wenig
mit der Argumentation, daß diese „ja sowieso nichts davon verstehen". Die Träger meinen oft, „der Kindergarten läuft, keine Beschwerden, was soll ich mich da groß
drum kümmern".

Wie wichtig Kooperation ist, wurde mir an einem Ge-
sprächsnachmittag zwischen Kindergartenleiterinnen und
Bürgermeistern (als Träger) deutlich. Gemeinsam wurde
in einem offenen Gespräch die pädagogische Arbeit des
Kindergartens, die Elternarbeit, die Frage der Problemkinder und ihrer Familien diskutiert.

Beide Seiten hatten Gelegenheit zu fragen; Meinungen
wurden ausgetauscht. Die Erzieher erhielten Information
über allerhand verwaltungstechnische und finanzielle
Probleme, die Bürgermeister erfuhren, was da wirklich im

Kindergarten geschieht und auf welche pädagogischen
und psychologischen Hintergründe dessen Konzeption
aufbaut.

Die anfängliche Skepsis löste sich im Wunsch eines
Bürgermeisters auf: „Das sollten wir öfters mal machen,
dann wissen wir, wofür die Gemeinden so viel Geld inve-
stieren, und können dies auch im Gemeinderat rechtfertigen."

4.3 Kooperation mit der Grundschule

Warum ist die Kooperation mit der Grundschule notwendig und warum kann sie zu einer Verbesserung der Situation des verhaltensauffälligen Kindes führen?

„Dem Übergang zwischen zwei benachbarten Bildungsstufen kommt im Hinblick auf die Kontinuität der Erziehung stets besondere Bedeutung zu. Deshalb müssen sich auch Kindergarten und Grundschule gemeinsam um eine pädagogische Lösung des Übergangs bemühen. Bei Wahrung der Eigenständigkeit und des jeweils spezifischen Erziehungs- und Bildungsauftrags beider Einrichtungen sind daher vorhandene Ansätze einer Zusammenarbeit zwischen Kindergarten und Grundschule aufzunehmen und zielstrebig auszubauen. Beim Schuleintritt kommt auf das Kind eine Vielzahl von neuen Eindrücken zu, z. B. Gewöhnung an den Lehrer als neue Bezugsperson, Zurechtfinden in Schulgebäude und Klassenraum, Kontakte zu bisher unbekannten Kindern, Begegnung mit schulischen Lerninhalten und -anforderungen, Erleben von veränderten Erwartungshaltungen der Eltern. Es ist deshalb notwendig, Schwierigkeiten, die bei einem Teil der Kinder zu Schulunlust, Schulangst, aber auch Zurückstellung, Einweisung in die Sonderschule, Wiederholung der 1. Jahrgangsstufe führen können, zu vermindern und wo möglich zu vermeiden" (Bekanntmachung des Bayerischen Staatsministeriums für Unterricht und Kultus vom 30. 10. 1980).

Das vorangegangene Zitat macht uns deutlich, wie wir den Kindern durch eine gute Kooperation mit der Grundschule Schwierigkeiten ersparen können. Es geht bei der Zusammenarbeit nicht darum, daß der Kindergarten einen Bericht über jedes einzelne Kind an die Schule gibt, sondern vielmehr darum, daß die Schule weiß, was in den drei Jahren Kindergartenzeit geschehen ist, und daß der Kindergarten weiß, wohin er die Kinder entläßt. Nur so kann die Schule positiv auf den Erfahrungen der Kinder im Kindergarten aufbauen. Oft ist es auch notwendig, daß der Lehrer weiß, wie er mit einzelnen Kindern umgehen muß. Kann ihm das im Gespräch mit Erzieherin und Eltern mitgeteilt werden, so können dem Kind manche Anlaufschwierigkeiten nach der Einschulung erspart werden.

Gibt es im Einzelfall Schwierigkeiten bei der Zusammenarbeit, so ist dies meist personenabhängig. Initiativen zur Kooperation sollten von beiden Institutionen ausgehen, vom Kindergarten wie von der Grundschule. Wichtig erscheint auch die Hospitation der Erzieherin in der Schule und die des Lehrers im Kindergarten. So können die jeweiligen Erziehungspersonen das Kind in seiner augenblicklichen Umgebung beobachten und kennenlernen.

4.4 Kooperation mit der Sonderschule

Was für die Kooperation mit der Grundschule gilt, sollte auch für die Kooperation mit der Sonderschule Bedeutung haben. Leider gibt es keine Empfehlung oder Regelung, die dazu Anregung oder Hilfen vermittelt.

Warum ist auch die Kooperation mit der Sonderschule von Bedeutung?

Viele Erzieher lösen heute das Problem der schwierigen Kinder dadurch, daß sie die Kinder an eine schulvorbereitende Einrichtung empfehlen. Dies hat gewisse Nachteile, da dadurch sehr frühzeitig die Zuschreibung einer bestimmten Behinderung oder Auffälligkeit erfolgt. Die schulvorbereitenden Einrichtungen (SVE) sind jeweils einem Sonderschultyp zugeordnet. So gibt es schulvorbereitende Einrichtungen für sprachgestörte Kinder, für geistig behinderte Kinder, für blinde Kinder, für sehbehinderte Kinder usw. Gerade wenn es sich um sogenannte Grenzfälle handelt, sollten Kinder mit Auffälligkeiten jedoch im allgemeinen Kindergarten verbleiben. Parallel zur Kindergartenarbeit können therapeutische Angebote durch die Sondereinrichtungen wahrgenommen werden. So sind eine Anzahl von Fällen bekannt, wo beispielsweise ein Kind am Vormittag den Sprachheilkindergarten (SVE für sprachbehinderte Kinder) und am Nachmittag den allgemeinen Kindergarten besucht.

Sicherlich gibt es Kinder, bei denen Defizite während des dreijährigen Kindergartenbesuches nicht aufgehoben werden können. Es bleibt dann nur die Einschulung in eine Sonderschule. Hier muß die Erzieherin über gute Informationen verfügen, um den Eltern auch beratend zur Seite stehen zu können. Deshalb wäre es wünschenswert,

wenn die Erzieherin ebenfalls mit den verschiedenen Sonderschulen kooperieren könnte bzw. die Lehrkräfte der
1. Klasse der Sonderschulen mit den Kindergärten in ihrem Einzugsbereich Kontakt hätten. Dies ist sicherlich
nicht einfach, da die Sonderschule einen wesentlich größeren Einzugsbereich hat als die Grundschule. Vielleicht
ließe sich jedoch seitens der Sonderschule ein- bis zwei-
mal im Jahr ein sogenannter Informationsabend oder In-
formationsnachmittag arrangieren, zu dem die Erzieher
aus den Kindergärten im Einzugsgebiet eingeladen werden. So wäre ein Austausch und gegenseitiges Kennenlernen möglich. Vor allem sollten die Erzieher erfahren, daß
auch eine Rückschulung aus der Sonderschule in die Re-
gelschule möglich ist. Hier bieten sich als Beispiele die
Sprachheilschule oder die Schule für verhaltensauffällige
Kinder an. Es werden dort nur Klassen nach Bedarf gebildet; Grundprinzip ist die Wiedereingliederung in Regel-
klassen, wenn die Schwierigkeiten behoben sind.

4.5 Kooperation mit der Erziehungsberatungsstelle

Mittlerweile gibt es ein dichtes Netz an Erziehungsberatungsstellen:

Sie bieten Eltern und Erziehern die Möglichkeit, sich in Fragen der Erziehung und Entwicklung von Kindern informieren und beraten zu lassen.

Es ist von Nutzen, wenn der Kindergarten eine Liste der ihm benachbarten Erziehungsberatungsstellen zur Verfügung hat. Warum ist dies notwendig? Die Erzieherin ist Anlaufstelle für eine ganze Anzahl von Fragen der Eltern. Nicht immer ist sie von der Ausbildung oder der Persönlichkeit her in der Lage, zu den Erziehungsproblemen der Eltern und familiären Schwierigkeiten Stellung zu nehmen. Kennt sie eine gute Erziehungsberatungsstelle und hatte sie bereits selbst Kontakt zu den dort arbeitenden Psychologen und Therapeuten, so kann sie die Eltern an diese verweisen bzw. sich selbst um einen Termin kümmern.

Eine Anzahl der Erziehungsberatungsstellen arbeiten heute nach dem familientherapeutischen Konzept. Dies bedeutet, daß bei einer Beratung möglichst alle mit der Erziehung betrauten Personen zum Gespräch zusammenfinden. So wird manchmal auch die Erzieherin in die Beratung eingebunden, denn sie ist maßgeblich an der Erziehung der Kinder beteiligt. Die Kinder verbringen ja zwischen vier und acht Stunden täglich in ihrer Obhut.

Für die Erzieherin selbst ist es auch wichtig, wenn sie eine Kontaktstelle hat, bei der sie über Erziehungsfragen objektiv beraten wird. Sicher ist dies ebenfalls im Team des Kindergartens möglich, jedoch erweist es sich als positiv, wenn im Einzelfall die Beratung von außen kommt.

Wenn der Erziehungsberatungsstelle die Kindergärten in ihrer Nachbarschaft bekannt sind, so kann sie auch einzelne Kinder an bestimmte Kindergärten verweisen. Ist es z. B. bekannt, daß der Kindergarten in X-Dorf bereit ist, Kinder mit leichteren Behinderungen aufzunehmen, so kann die Erziehungsberatungsstelle die Eltern darauf verweisen oder ein Gespräch mit dem Kindergarten vereinbaren. Wenn wir das Kind in den Mittelpunkt der Kindergartenarbeit stellen, so wird deutlich, daß die Kooperation mit der Erziehungsberatungsstelle zum Wohle des Kindes notwendig ist.

4.6 Kooperation mit Kinderärzten und Therapeuten

Auch die Zusammenarbeit mit Kinderärzten und Therapeuten ist notwendig. Häufig bekommen die Eltern vom
Kinderarzt eine Empfehlung, die sie nicht an den Kindergarten weitergeben. Auch hat die Erzieherin eine Anzahl
von Fragen, die sie gerne mit einem Facharzt (Kinderarzt)
besprechen möchte. So ist es für den Kindergarten wichtig, Kontakt zu einem Kinderarzt zu haben, möglichst zu
dem, bei dem sowieso eine Anzahl der Kinder des Kindergartens in Behandlung sind. Es empfiehlt sich, sogar einmal im Jahr einen gemeinsamen Elternabend mit einem
Kinderarzt durchzuführen. Es können dann Fragen über
Kinderkrankheiten, Haltungsschäden und ähnliches gemeinsam zwischen Erziehern, Eltern und Kinderarzt
erörtert werden.

Das gleiche gilt für Therapeuten aus den verschiedenen
Bereichen. Eine Anzahl von Kindern sind heute in thera-
peutischer Behandlung. Das eine Kind bei der Krankengymnastin, das andere bei der Sprachtherapeutin, das
dritte bei der Heilpädagogin. Wenn die Behandlung für
das Kind besonders positiv verlaufen soll, dann bietet sich
die integrierte Förderung an. Unter integrierter Förderung ist hier zu verstehen, daß die Erzieherin z. B. weiß,
aus welchem Grund das Kind zur Krankengymnastik gehen muß und welche Übungen die Krankengymnastin mit
dem Kind macht. Sie kann so im Einzelfall die Behandlung im Rahmen der Kindergartenarbeit noch vertiefen,

z. B. bei den Bewegungsspielen auf das eine oder andere Kind besondere Rücksicht nehmen.

Auch für diesen Kooperationsbereich gibt es keine Richtlinien. Die Zusammenarbeit basiert auf der Freiwilligkeit aller Beteiligten. Sie kann immer nur im Einverständnis mit den Erziehungsberechtigten stattfinden, außer es handelt sich um allgemeine Informationen, die sich die Erzieherin bei den entsprechenden Fachleuten einholt.

4.7 Kooperation mit Ausbildungs- und Fortbildungsstätten für sozialpädagogische Berufe

Seit einigen Jahren finden wir im Lehrplan für die Ausbildung der Erzieher auch das Fach Heilpädagogik und in freiwilligen Arbeitsgemeinschaften Fächer wie Sprachheilerziehung, Frühförderung und ähnliches. Nicht alle unsere Erzieher haben jedoch in diesen Bereichen eine Ausbildung durchlaufen. Oft haben sie auch andere Schwerpunkte gewählt (besonders wenn es sich um Absolventen der Fachhochschule handelt) und konnten sich das entsprechende Fachwissen im Bereich der heilpädagogischen Förderung von Kindern im Vorschulalter nicht aneignen. Ferner bestätigt eine Anzahl von Erziehern, daß die Ausbildung sehr theoretisch sei und man die Notwendigkeit für die spätere Praxis noch nicht erkennen könne.

Eine Umfrage in Kindergärten hat ergeben, daß bei 60% der Erzieher in kommunalen Kindergärten der Wunsch nach heilpädagogischer Fortbildung oder Zusatzausbildung vorhanden ist. Betrachtet man die Fortbildungsprogramme der verschiedenen Verbände und Institutionen, so findet man nur sehr wenige Fortbildungsveranstaltungen in diesem Bereich.

Ich habe mir deshalb die Frage gestellt, warum auf der einen Seite ein Bedarf nach heilpädagogischen Kenntnissen angemeldet wird, während auf der anderen Seite Fortbildungen nur in geringer Zahl angeboten und sehr schwach besucht werden. Sicherlich hat dies mit dem Selbstverständnis des Erziehers zu tun. Er muß bei diesen Veranstaltungen zugeben, daß er eigene Schwächen hat, oder er erfährt, daß viele der Auffälligkeiten auch in seiner eigenen Person begründet liegen können.

Dies macht es schwierig, die Aus- und Fortbildung der Erzieher zu planen. Sicherlich wäre es notwendig, daß die heilpädagogische Förderung des sogenannten „schwierigen Kindes" in der Ausbildung mehr Platz einnimmt. Es sollte nicht als ein isoliertes Fach unterrichtet, sondern im Zusammenhang mit den Fächern Praxis- und Methodenlehre behandelt werden. Nur wo Erzieher den praktischen Bezug erkennen und erfahren, werden sie sich intensiv mit den Lerninhalten auseinandersetzen und den Transfer von der Theorie in die Praxis finden.

Auch wäre es wünschenswert, wenn im Vorpraktikum der künftigen Erzieher ein Schwerpunkt auf der Beobachtung von Kindern liegen würde. So müßten sie sich an den Seminartagen ganz intensiv mit Beobachtungskriterien beschäftigen. Sie haben dann während des Vorpraktikums die Möglichkeit, ein ganzes Jahr lang Kinder kontinuierlich zu beobachten. Es sollte sich zum einen um Einzelbeobachtungen, zum anderen aber auch um Gruppenbeobachtungen handeln.

Dazu bedarf es allerdings einer guten Praxisanleitung.

Während des Berufspraktikums sollte verstärkt Wert auf die Arbeit mit auffälligen Kindern gelegt werden. Nun stehen die jungen Erzieher in der Praxis und werden täglich mit neuen Problemen konfrontiert. Sie haben Erfahrungen im Vorpraktikum gesammelt, kennen den theoretischen Hintergrund ihrer Arbeit aus der zweijährigen Ausbildung und befinden sich nun in der Situation, daß sie die Theorie in die Praxis übertragen müssen. Hierzu brauchen sie Hilfe und Beratung. Dies kann nicht allein die Praxisanleiterin leisten, die ja selbst vollzeitlich in der Erziehungsarbeit steht. So wäre es zu begrüßen, wenn Themen wie die heilpädagogische Förderung im allgemeinen Kindergarten auch an Seminartagen behandelt werden könnten.

4.8 Kooperation mit Einrichtungen der Jugendhilfe

Kennen Sie alle Hilfsmöglichkeiten für Kinder und ihre Familien, die im Rahmen der Jugendhilfe zur Verfügung stehen? Ihr nächster Weg sollte Sie in „Ihr" Jugendamt führen zu einem ganz informellen Gespräch.

Vielleicht gehören auch Sie zu dem Personenkreis, für den das Jugendamt „negativ besetzt" ist, noch immer als „Zugriffsbehörde" verstanden wird?

Das Jugendamt koordiniert und strukturiert alle Maßnahmen der Jugendhilfe, sofern die Durchführung von Maßnahmen oder der Betrieb von Einrichtungen nicht – nach dem Subsidiaritätsprinzip – bei den freigemeinnützigen Trägern der Jugendhilfe liegt.

Das „Sozialgesetzbuch (SGB) Achtes Buch (VIII) Kinder- und Jugendhilfe" oder kurz das „Kinder- und Jugendhilfegesetz" regelt in § 1 das Recht auf Erziehung, Elternverantwortung und Jugendhilfeaufgaben:

§ 1 Abs. (3):
„Jugendhilfe soll zur Verwirklichung des Rechts, insbesondere
1. junge Menschen in ihrer individuellen und sozialen Entwicklung fördern und dazu beitragen, Benachteiligungen zu vermeiden oder abzubauen,
2. Eltern und andere Erziehungsberechtigte bei der Erziehung beraten und unterstützen,
3. Kinder und Jugendliche vor Gefahren für ihr Wohl schützen,
4. dazu beitragen, positive Lebensbedingungen für junge Menschen und ihre Familien sowie eine kinder- und familienfreundliche Umwelt zu erhalten oder zu schaffen."

In § 2 des Gesetzes sind die
Aufgaben der Jugendhilfe umfassend beschrieben und es wird auf die für die einzelnen Hilfen einschlägigen Gesetzesstellen hingewiesen.

In den §§ 79 und 80
wird dann die Gesamtverantwortung und Grundausstattung der
öffentlichen Jugendhilfe (Jugendamt) festgelegt sowie auch die
Verantwortung für die Jugendhilfeplanung (Gesetzestext im An-
hang; Auswahl für den Kindertagesstättenbereich relevanter Para-
graphen).

Die Jugendhilfe hat zum einen die Aufgabe, die Umwelt
so mitzugestalten, daß die Entwicklungsbedingungen für
den einzelnen jungen Menschen möglichst positiv sind
und eine optimale Sozialisation gewährleistet ist.
   Auf der anderen Seite soll sie nach wie vor schädliche
Erziehungseinflüsse von jungen Menschen fernhalten
bzw. durch geeignete Maßnahmen ausgleichen. Weitere
Aufgaben gewinnt die Jugendhilfe heute aus gesellschaftlichen Problemen wie Scheidung, Alleinerzieherschaft,
Arbeitslosigkeit, Drogenmißbrauch, Alkoholismus usw.

Was sollen Sie nun bei Ihrem vielleicht ersten Besuch im
Jugendamt erfragen:

– Wie heißt der Jugendamtsleiter?
– Wie gliedert sich das Jugendamt?
– Welche Bereiche werden von welchen Mitarbeitern ver-
  treten und wie heißen diese?
– Welche Arbeitsbereiche können für den Kindergarten
  Bedeutung haben?
– Wie geht das Jugendamt mit ganz konkreten Vorfällen
  um?
– usw.

Es ist wichtig, daß Sie den Kontakt zum Jugendamt und
seinen Mitarbeitern aufbauen, wenn kein konkreter Fall
vorliegt. So kann Vertrauen aufgebaut werden, und Sie
wissen, an wen Sie sich im Ernstfall wenden können – z. B.
wenn in Ihrem Kindergarten ein Fall von Kindsmißhandlung aufgetreten ist, wenn für eine Familie eine Schei-
dungsberatung angezeigt wäre oder wenn der Einsatz
eines Sozialpädagogischen Familienhelfers die Familie
wieder stabilisieren könnte.
Beschäftigen Sie sich mit den Angeboten des Jugend-

amtes, die Sie vielleicht schon in Anspruch genommen hätten, wären Sie Ihnen bekannt gewesen:

- Allgemeiner Sozialdienst (ASD),
- Pflegekinderdienst,
- Adoptionsvermittlung,
- Familiengerichtshilfe,
- Erziehungsbeistandschaft,
- Erziehungsberatung,
- Ehe-, Familien- und Lebensberatung,
- wirtschaftliche Erziehungshilfe,
- Unterhaltsvorschuß- oder -ausfalleistungen,
- Weiterführung des Familienhaushalts,
- Beratung und Unterstützung alleinerziehender Elternteile,
- Sozialpädagogische Familienhilfe,
- Kinderkrippe, Krabbelstube,
- Tagespflege,
- Elterntraining,
- Freiwillige Erziehungshilfe,
- Familienbildung,
- Kinder- und Jugenderholung,
- Erzieherische Hilfen im Rahmen der Gesundheitshilfe,
- Amtsvormundschaft,
- Jugendschutz,
- Kindsmißhandlung, sexueller Mißbrauch,
- Fortbildung, Praxisberatung,
- und vieles mehr.

 Ihr Jugendamt ist Ihr Partner in der Sorge um „schwierige" Kinder und kann insbesondere familienunterstützende und -stabilisierende Maßnahmen vermitteln, die die Arbeit des Kindergartens ergänzen können.

4.9 Liste wichtiger Adressen und Telefonnummern

Es ist sinnvoll, eine Liste mit Adressen und Telefonnummern verschiedenster Einrichtungen der Jugendhilfe und Wohlfahrtspflege, von Selbsthilfegruppen, Behindertenverbänden, Fachärzten, Psychotherapeuten usw. aus der Umgebung des Kindergartens anzulegen – auch von solchen, die für Ihre Arbeit als Erzieherin weniger bedeutsam sind, für Familien aber durchaus nützlich sein können. Tragen Sie in diese Liste auch die Namen Ihrer Ansprechpartner oder der zuständigen Sachbearbeiter ein. Die Liste sollte zum einen in Ihrem Büro vorhanden sein und zum anderen an einer gut sichtbaren – aber nicht zentralen – Stelle in Ihrem Kindergarten aushängen. Warum? – Wir kennen nicht alle Probleme der Eltern; diese wollen über manche Schwierigkeiten auch nicht mit uns sprechen. Anhand der Liste können sie sich aber selbständig über Hilfsangebote informieren, ohne uns fragen zu müssen.

Adresse:	Telefon	Mitarbeiter
Erziehungsberatungsstelle Müllerstraße 12 Maxstadt	7 81 21	Herr Schmitt
Jugendamtsleiter Sophiengasse 12 Maxstadt	7 38 94	Herr Schnee
Beratung bei Scheidung Sophiengasse 12 Maxstadt		
usw.		

Die Elternarbeit mit (schwierigen) Eltern von „schwierigen" Kindern

„Problemelternabende" bereiten uns meist größere Schwierigkeiten:

- Welches Thema soll aufgegriffen werden?
- Wie gehen wir am besten methodisch vor?
- Wie erreichen wir genau die Eltern, die in unseren Augen einen Elternabend am nötigsten haben?
- Ist es überhaupt sinnvoll, einen Elternabend zu Problemen verschiedenster Art durchzuführen? Wir haben doch gar nicht genügend Lösungsmöglichkeiten ...
- Wir kennen die Ursachen für die Auffälligkeiten der Kinder. Sind die Eltern überhaupt bereit, mit uns darüber zu sprechen?

Viele Fragen, die offen sind, uns verunsichern, werden von den Eltern an uns gerichtet (so ist es mir in der Praxis jedenfalls gegangen). Sind wir als Erzieher wirklich die besseren Pädagogen, nur weil wir professionell sind und „Erzieher" gelernt haben?

Für viele Eltern sind wir Respektspersonen – die großen Pädagogen, die Erziehungsprobleme „reparieren" können, ohne daß die Eltern herangezogen werden.

Für viele Eltern sind wir aber auch nur Ausführende – Arbeitskräfte, die für das Spielen mit Kindern auch noch bezahlt werden und es dabei noch nicht einmal schaffen, die Kinder zu normalisieren und zu angepaßten, braven, klugen Kindern werden zu lassen.

Wir müssen uns darüber im klaren sein, daß die Wirksamkeit und das Gelingen der Elternarbeit ganz stark von der Bereitschaft der Eltern abhängt, ihr Verständnis von

Erziehung und ihre Erziehungspraxis darzulegen und
sich zu öffnen. Wenn dies gelingt – und vor allem auch
den Erziehern –, dann kann eine gute Kooperation zwischen Elternhaus und Kindergarten entstehen. Hier wird
deutlich, daß es *die* Form der Elternarbeit nicht geben
kann, sondern daß unter einer Vielzahl von Methoden
ausgewählt werden muß. Kriterien für diese Auswahl be-
gründen sich zum einen in der Ausbildung der jeweiligen
Erzieherin und der Form der Elternarbeit, in der sie sich
sicher fühlt, und zum anderen in der „Art" der Eltern im
jeweiligen Kindergarten. In einem sozialen Brennpunkt
wird ein Referat oder gar ein fremder Referent sicher
nicht den Erfolg haben, wie beispielsweise in einem Stadtteil mit stark kognitiv ausgerichteten Eltern.

5.1 Der Elternabend für „schwierige Eltern"

Eines Tages rief mich eine erfahrene Erzieherin an und bat mich um die Durchführung eines Elternabends in ihrem Kindergarten.

„Ich habe so schwierige und trotzige Eltern. Können Sie nicht einen Elternabend gestalten zum Thema SCHWIERIGE UND TROTZIGE ELTERN"?

Ich konnte die Erzieherin sehr gut verstehen, doch zu einem solchen Elternabend würde wohl kaum jemand kommen. So formulierten wir den Titel auf die Kinder bezogen um:

UNSER KIND IST SCHWIERIG, ES TROTZT.

Natürlich wäre es mir lieber gewesen, wenn die Erzieherin diesen Elternabend selbst durchgeführt hätte. Sie argumentierte jedoch, daß „jemand von außen mehr sagen kann, und die Eltern nehmen es auch besser an".

Zum Elternabend kamen rund 80% der Kindergarteneltern und weitere Interessierte aus der Pfarrgemeinde.
    Wie verlief nun der Abend?

Begonnen haben wir mit dem Wollknäuelspiel. Die Eltern haben einen Kreis gebildet. Das Knäuel wird von einem zum anderen geworfen. Wer das Wollknäuel in der Hand hält, stellt sich und seine Familie kurz vor. Das geschieht nicht namentlich, sondern nur Anzahl und Alter der Kinder werden genannt. Dazu macht jeder Teilnehmer noch eine Aussage darüber, was ihn an seinem Kind am meisten ärgert, z.B., daß es aus nicht erkennbaren Gründen bockt. Dann wird der Knäuel weitergeworfen, der Faden aber festgehalten. (Die Eltern werden sich verstanden fühlen. Endlich können sie loswerden, was sie an ihrem Kind

aufregt. Zudem stellen sie noch fest, daß die Mehrzahl der Anwesenden ähnliche Probleme hat. Das verbindet.)

Sind alle an der Reihe gewesen, verbindet ein Netz die
Teilnehmer miteinander. Ich nenne dieses Netz *Bezie-*
hungsnetz oder *Familiennetz* oder ... Nach einigen Erläu-
terungen und praktischen Zieh-Versuchen an unserem
Netz stellen wir fest, daß Erziehung etwas mit Ziehen, mit
Zug zu tun hat. Und eine der wichtigsten Erfahrungen für
alle Eltern ist dabei, daß sie nicht immer feststellen können, wo der „Zug" nun wirklich herkommt. Das bedeutet,
daß man sich auch nicht dagegen wehren, den Zug kaum
beeinflussen oder verhindern kann. So spielen viele Faktoren in der Erziehung unserer Kinder eine Rolle. Es
kommt zu Auffälligkeiten, und wir sind uns nicht bewußt,
worin die Ursachen liegen. Sicher sind wir allerdings
darin, daß Beziehungen gestört sein müssen – das Verhalten der Kinder signalisiert uns dies.

Eltern beim „Wollknäuelspiel"

Nach diesem Einführungs-„Spiel" kann ein kurzes Referat oder Statement über das Trotzverhalten folgen.

Wieder werden sich die Eltern bestätigt fühlen.

Und jetzt ist es Zeit für die Gruppenarbeit.

Jede Gruppe erhält einen kurzen Situationsbericht und
einen dazugehörigen Arbeitsauftrag:

Gruppe 1: In Ihrem Arbeitszimmer haben Sie allerhand Materialien ausgebreitet. Sie arbeiten konzentriert, in aller Ruhe, vergessen die Zeit. Ihr Partner kommt plötzlich in den Raum. Er/sie hat nicht angeklopft. „Räum' deine Sachen weg. Ich brauche den Raum in fünf Minuten." Wie verhalten Sie sich? Welche Gefühle verspüren Sie? Beugen Sie sich der Anordnung? Wie wehren Sie sich eventuell?

Gruppe 2: Sie sitzen vor dem Fernsehgerät. Zum x-ten Male kommt Ihr Kind und fordert Sie auf, das Gerät abzuschalten. Ihr Kind ist Ihnen gegenüber sehr höflich und ruhig.

Wie rechtfertigen Sie Ihren Verbleib vor dem Fernsehapparat? Wie reagieren Sie auf die wiederholte Aufforderung Ihres Kindes?

Gruppe 3: Sonntag. Schönes Wetter. Ihr Partner fordert Sie zu einem Spaziergang auf. Sie haben keine Lust und bringen das auch zum Ausdruck.

Wie erklären Sie Ihre Unlust? Wie reagiert Ihr Partner auf Ihre Absage? Schließen Sie eventuell einen Kompromiß? Kommt diese Situation bei Ihnen vielleicht gar nicht vor?

Gruppe 4: Sie sind mit Ihrem Kind in einem Geschäft. Es stampft und schreit. Da es Ihnen peinlich ist, versuchen Sie, Ihr Kind schnell zu befriedigen und kaufen ihm, was es möchte. Sie merken, daß die Ansprüche Ihres Kindes stets größer werden.

Was machen Sie? Woran liegt das Verhalten des Kindes? Wie können Sie vielleicht Ihr eigenes Verhalten wieder korrigieren?

Gruppe 5: Ihr Kind hat sich im Eßzimmer ausgebreitet. Es ist in sein Spiel vertieft und hat die Zeit vergessen. Sie sind froh, daß es sich die ganze Zeit ruhig verhalten hat. Doch nun erwarten Sie Gäste zum Essen.

Wie fordern Sie Ihr Kind zum Aufräumen auf? Wie reagiert Ihr Kind auf die Aufforderung? Wie reagieren Sie auf die Reaktion Ihres Kindes?

Hör auf ! Du kriegst was Du willst

Gruppe 6: Sie sind mit Ihrem Kind in einem Geschäft. Es stampft auf den Boden, schreit und schlägt um sich. „Ich will ... nein, das will ich nicht, ich will das ...!" Es ist Ihnen peinlich, alle Leute schauen schon nach Ihnen.
  Was machen Sie? Wie reagieren Sie auf Ihr Kind? Wie reagieren Sie auf die guten Ratschläge der Leute? Wie reagieren Sie auf das Verhalten Ihres Kindes, wenn Sie daheim sind?

Die Ergebnisse dieser Gruppenarbeit wurden dann ins Plenum eingebracht.
  Dabei wird den Eltern deutlich, daß sie für ihr eigenes Verhalten ganz andere Maßstäbe als für das Verhalten ihrer Kinder anlegen.
  An konkreten Beispielen aus ihrer Familiensituation können dann „richtige" und „falsche" Verhaltensweisen diskutiert werden. So antwortet ein Vater: „Dann liegt die Ursache für die Bockigkeit unseres Sohnes wohl auch ein Stück an uns?" – Es folgen dann viele Spontanäußerungen. – Wir müssen sie in diesem Augenblick nicht kommentieren.

Noch einige Aussagen zur Illustration:

„Jetzt habe ich's kapiert. In 90% der Fälle produziere ich den Aufstand meiner Kinder selbst – natürlich wollen sie auch wissen, wer der stärkere ist.
  Aber ich bin einfach auch fertig. Mein Mann ist die ganze Woche unterwegs, die Halbtagstätigkeit mit meinem unzufriedenen Chef, der Haushalt und die Kinder. Und dann sagt meine Schwiegermutter noch, wie gut ich's hätte, weil ich nur 4 Stunden am Tag zu arbeiten bräuchte."

Oder: „So ganz von hinten herum haben Sie es uns aber jetzt gesagt. Aber, ich sehe nicht ein, daß ich mich als 35jährige Ärztin den Wünschen meiner 5jährigen Tochter unterordnen soll. Sie muß tun, was ich sage."

Oder: „Das wurde mir in der Erziehungsberatungsstelle auch gesagt. Eine Therapie für die Kinder hat keinen Sinn, da muß die ganze Familie hin. Meine Frau merkt wohl auch, daß sie mit ihrem Überbehütungskonzept etwas falsch macht. Wir reden oft darüber, daß wir etwas unternehmen müssen. Wenn das mit den Kindern noch schlimmer wird ..."

Schwieriger Kinder gibt es nicht!

Treten Störungen und Auffälligkeiten auf, so sind immer auch die Beziehungen gestört – insbesondere zu Erwachsenen.

Erinnern Sie sich an das Wollfadenspiel am Anfang des Elternabends? Ein so leicht störungsanfälliges Netz der Be-ziehungen, Be-züge, Er-ziehung ...

Was bleibt dem Kind an Möglichkeiten, sich zu wehren, auf sich aufmerksam zu machen? Es muß auffällig werden – und das ist in den Augen vieler Erwachsener eine Störung.

 Ziehen wir den relativ geringen Prozentsatz der medizinisch bzw. krankheitsbedingten Auffälligkeiten ab, dann bleibt als Ergebnis, daß wir Erwachsene und der Rahmen, in dem wir alle leben, die Hauptursache kindlicher Verhaltensauffälligkeiten sind.

Räum jetzt sofort auf!

5.2 „Hilfe, mein Kind kann nicht spielen" – ein anderer Elternabend

Eine der häufigsten Auffälligkeiten, die von Eltern, Erziehern und Lehrern bei Kindern festgestellt werden, sind mangelnde Konzentration und wenig Ausdauer beim Spiel. Eltern beklagen immer wieder, daß Kinder ein Spiel beginnen, schnell die Lust an ihm verlieren, das nächste Spiel hervorholen usw.

Auch hier liegen die Ursachen nicht immer beim Kind. Vielleicht wurde es in der Familie oder im Kindergarten nie angehalten, ein Spiel zu Ende zu bringen?

Ein Elternabend, der diese Problematik aufgreift, könnte z. B. heißen: „Lernen im Spiel" oder „Was unser Kind durch Spielen lernen kann". Bei mir verlief es folgendermaßen:

Im Eingangsbereich des Kindergartens oder in einem Gruppenraum wurde eine Fläche von ca. 2 × 3 Metern auf dem Boden durch ein Klebeband gekennzeichnet. Daneben stand ein Korb mit Holzklötzen. Die Eltern wurden gleich an der Haustüre begrüßt und aufgefordert, mit zehn Klötzen innerhalb dieser Fläche etwas zu bauen.

20 Personen waren gekommen, und bald standen 20 kleine Bauwerke in dem Rechteck. Kein Vater und keine Mutter hatten am Bauwerk eines anderen Elternteils weitergebaut. Einzelne Personen hatten vielmehr in unbeobachteten Momenten bei bereits stehenden Bauwerken Klötze „geklaut".

Eine Mutter hatte diese Szenen verfolgt und mit den letzten Bausteinen versucht, Brücken zu bauen, um so die einzelnen Gebilde wenigstens miteinander zu verbinden.

Was gäbe es zu diesem Verhalten der Eltern nicht alles zu sagen?

Vielleicht können Sie in Ihrem Erzieherteam – bevor Sie im Buch weiterlesen – gemeinsam überlegen, wie Sie das Verhalten interpretieren würden.

- Jeder möchte „glänzen" und ist deshalb stark leistungsorientiert.
- Auffallend ist, daß sich Kinder ganz anders verhalten.
- Eltern fordern ein bestimmtes Sozialverhalten ihrer Kinder. Und sie selbst?
- usw.

Nach diesem Einstieg trafen sich alle Eltern im Gruppenraum. Es folgte die Begrüßung aller Anwesenden und ein kurzes Einführungsstatement etwa folgenden Inhalts:

- Die Arbeit des Erwachsenen im Vergleich zum Spiel des Kindes.
- Das Spiel steckt voller wertvoller Lernerfahrungen, z. B.
  - Partnerarbeit,
  - Gewinnen und Verlieren,
  - Sprachförderung,
  - Schulung der Beobachtung,
  - Übungen der Zuordnung,
  - Konzentrationsübung,
  - Rücksichtnahme,
  - Geschicklichkeitstraining,
  - Reaktionsgeschwindigkeit,
  - Durchhaltevermögen usw.

„In unserer Leistungsgesellschaft wird das Spiel oft nicht geachtet, weil es nicht unmittelbar produktiv zu sein scheint. Doch gehören z. B. zur schöpferischen Tätigkeit des wissenschaftlichen Denkens Konzentration, Phantasie und neue Wege, die Wirklichkeit zu sehen und zu verarbeiten. Das sind aber genau die Eigenschaften eines im Spiel vertieften Kindes.

Das Spiel ist seinem Wesen nach schöpferisch und beansprucht das ganze Kind mit all seinen Fähigkeiten. Kinder spielen zum Vergnügen, aber sie spielen nicht zur Erholung wie die

Erwachsenen. Das Spiel ist für ihre gesunde Entwicklung notwendig. Es hilft ihnen, sich auf das Erwachsenenleben vorzubereiten. Das spielende Kind lernt, mit seiner Umwelt fertig zu
werden. Das Spiel ist die Hauptbeschäftigung der Kindheit"
(Read).

Und dann ging es an die Überprüfung dieser Aussagen anhand der Praxis.

Kann man wirklich wichtige Lernerfahrungen im Spiel
machen?

Die Eltern teilten sich in kleine Gruppen und suchten
dann Tische in den Gruppenräumen auf. Hier stand für
jede Elterngruppe ein Spiel bereit.

Der Arbeitsauftrag für die Eltern lautete:

Das Spiel soll gemäß der beiliegenden Regel gespielt werden.
Dabei ist besonders auf Lernerfahrungen zu achten. Diese sollen später im Plenum beschrieben und hinsichtlich ihrer Bedeutung begründet werden.

Einige beobachtete Episoden:

Die Eltern an Tisch 1 spielten das Brückenspiel. Es handelt sich
dabei um eine Holzbrücke, auf Stufen erreichbar. Die gewür-
felte Zahl gibt die Anzahl der Schritte an.

Die Treppen zur Brücke und die Brücke selbst sind jedoch
mit Löchern versehen, d. h. der Stein kann durchfallen, und der
Spieler muß dann von vorne beginnen.

Ein Vater hatte wirklich Pech, er kam einfach nicht voran,
nicht einmal bis auf die Brücke.

Er schimpfte lauthals los: „Das ist das blödeste Spiel, was mir
je begegnet ist. Man kommt nicht voran. Die Spielregel muß geändert werden. So spiele ich nicht weiter. Und, mir kann keiner
sagen, daß dabei Kinder etwas lernen können, höchstens, die
Lust zu verlieren. Der Kindergarten sollte den Kindern etwas
Vernünftiges anbieten …!"

Das Kind dieses Vaters leidet übrigens unter starken Konzentrationsstörungen, gilt als Störenfried in der Gruppe, führt nie
ein Spiel bis zum Ende durch und macht bei keiner Beschäftigung bis zum Schluß mit. Wenn es malt, stellt es das Bild nie fertig. Den Kindergarten findet es blöd, „… das sagt mein Papa
auch!"

Was meinen Sie dazu?
Überlegen Sie, wie Sie dieses Verhalten gemeinsam mit
den anderen Eltern reflektieren würden.

Beim beschriebenen Elternabend berichtete der Vater selbst im
Plenum. Einige Eltern (nicht die Erzieherin!) erklärten ihm, daß
er ein Spiel mit seinem Kind immer beenden müsse, auch wenn
es ihm schwerfiele.

Diese Form von „Eltern beraten Eltern" ist für Sie als Erzieherin ganz wichtig. Sie können diesen Prozeß fördern,
indem Sie bei Elternabenden immer wieder einmal Fragen
an das Plenum weitergeben. Sie verhindern dadurch, daß
Sie zu der Person werden, die immer weiß, wie man es
richtig macht, und die Eltern „vorschreibt", wie sie richtig
erziehen (sollen).

An den anderen Tischen ergaben sich bei dem Elternabend
ganz unterschiedliche Spielsituationen:
– Es kamen Sprachungenauigkeiten vor, z.B. Benennen der
  auf den Karten des Memoryspiels abgebildeten Gegenstände.
      Eine Mutter bezeichnete einen Tannenzapfen als Tannen-
  baum. Die Assoziation war zwar richtig, aber verlangen wir
  von den Kindern nicht auch präzise Begriffe? Schwer zu verstehen für manche Eltern!
– Als nach 30 Minuten – die Länge der Spielphase war vorher
  angekündigt worden – die Spiele abgebrochen werden sollten, beklagten verschiedene Eltern, daß das jetzt noch nicht
  ginge, das Spiel sei gerade so spannend, an einem entschei-
  denden Punkt ...
      Bei den Kindern aber, da darf der Erwachsene das Spiel
  stören, zum Abbrechen auffordern ...?

In der Auswahl der Spiele, die Sie den Eltern anbieten,
können Sie die verschiedensten Spielsituationen und ganz
unterschiedliches Spielverhalten „planen". Die Auswahl
sollten Sie am Spielverhalten der Kinder und dem Spiel-
verständnis der Eltern ausrichten.

Was kann nun das Ergebnis eines solchen Elternabends sein?

Wir tragen zusammen, was Kinder beim Spiel lassen können. Schnell werden wir feststellen, daß es sich nicht vor-
rangig auf das Lernen im Bereich des Kognitiven
ankommt, sondern, daß das Lernen von Verhaltensweisen, Fähigkeiten und Haltungen im Mittelpunkt steht:
Sozialverhalten, Rücksichtnahme, Geduld, Ausdauer,
Konzentration, Durchhaltevermögen, Gewinnen und
Verlieren, Regeln einhalten ... usw.

Was ist nun Ihre Aufgabe als Erzieher? Sie müssen
● Spielsituationen vorbereiten,
● ein Statement überlegen,
● gut beobachten,
● Spielsituationen der Kinder parat haben,
● moderieren und
● auswerten.

Ob den Eltern deutlich wird, wie bedeutsam die „Rand-
erscheinungen" beim Spiel sind?

5.3 Freizeiterlebnisse – gemeinsam mit Eltern und Kindern

Eine etwas unübliche Form der Elternarbeit ist das gemeinsame Freizeiterlebnis. Dies kann sein

– ein gemeinsamer Wandertag mit Eltern und Kindern (mit Selbstverpflegung),
– eine Wochenendfreizeit mit Eltern und Kindern,
– ein Spiel- oder Bastelnachmittag mit Eltern und Kindern (günstig am Samstag, denn auch Väter sollen teilnehmen!).

Solche Veranstaltungen bringen Ihnen und den schwierigen Kindern (und Eltern) oft mehr als viele, viele Elterngespräche und Elternabende, vielleicht sogar mehr als die Spieltherapie für Kinder in der Erziehungsberatungsstelle. Sie haben so als Erzieher die Chance, Eltern und Kinder miteinander in Aktion zu erleben. Irgendwann im Verlauf eines gemeinsamen Tages fallen alle Eltern in ihr „Normalverhalten" zurück.

Sie werden dann erkennen, wie die Auffälligkeiten der Kinder entstanden sind oder entstehen, sowie wie und warum sich die Kinder zur Wehr setzen.

Da ist z. B. Das Ehepaar K., das seinen Kindern keinen Freiraum zugesteht. Immer wieder versuchen die Kinder, davonzulaufen. Die Folge ist, sie müssen beim Spaziergang an der Hand ihrer Eltern gehen. Sie dürfen nichts aufheben und sammeln (wegen der Hygiene!). Jegliche Aktivität der Kinder wird sofort von den

Eltern unterdrückt und gegängelt. „Wir wollen keine Rowdies", sagt die Mutter. „Sie sehen, wie brav unsere Kinder sind. Ich verstehe nicht, daß sie im Kindergarten so aggressiv sind. Das muß an Ihnen liegen."

Essenssituation. Herr S. schiebt beim gemeinsamen Mittagessen alles Gemüse an den Rand des Tellers. Sein Kind Kurt ißt ebenfalls kein Gemüse. Deshalb muß Kurt zum Mittagessen immer im Kindergarten bleiben. Frau S.: „Er muß lernen, alles zu essen. Daheim führt er sich immer auf. Sie im Kindergarten werden es schon schaffen. Das gehört ja schließlich zu Ihren Aufgaben."

Ein Kind hatte das Verhalten von Kurts Vater beobachtet und meinte ganz nüchtern: „Der Kurt ißt kein Gemüse, weil sein Vater das auch nicht tut. Dabei macht Gemüse stark!"

Frau O. klagte, daß ihre Kinder nachts immer ins Schlafzimmer kämen – sie könne keine Nacht ruhig schlafen. Wenn sie es nicht zuließe, dann gäbe es ein solches Gebrüll, daß sich sogar die Nachbarn schon beschwert hätten. Ihr Mann schlafe im Gästezimmer, schließlich müsse er am nächsten Tag arbeiten. Im Kindergarten versuchen die Kinder von Frau O. ebenfalls alles durch Brüllen, Schreien und Umsichschlagen zu erreichen. Weil sie damit keinen Erfolg haben, wollen sie nicht mehr in den Kindergarten.

Mit Frau O. wurde vor Beginn der Familienfreizeit besprochen, daß die Kinder alleine schlafen müßten.

Es ist gelungen.

Die familiäre Situation entspannte sich, nachdem die Kinder auch daheim in ihrem Bett schliefen. Gleichzeitig veränderten sie ihr Verhalten im Kindergarten. So war allen geholfen.

Wichtig für eine solche Freizeit ist: Teilnehmerzahl begrenzen, die Veranstaltung lieber wiederholen!

Zitat eines Vaters, 15 Jahre nach einer Familienfreizeit:

„Diese Veranstaltung brachte die Wende für unsere Familie. Wir hatten alle Probleme unserer Kinder selbst produziert, sie regelrecht an uns gekettet, ihnen jeglichen Entfaltungsspielraum verweigert. Als sie mit sechs Jahren wieder einnäßten, haben wir sie zum Therapeuten geschleppt. Ich darf gar nicht daran denken. Meine Frau und ich sind unendlich dankbar für dieses Familienwochenende. Wir haben noch mit Eltern von damals Kontakt. Ihnen geht's genauso."

Kindliche „Verhaltensstörungen" sind als ein gesunder Abwehrmachanismus der Kinder zu sehen. Kinder, bei deren Erziehung kaum Rücksicht auf ihre grundlegenden seelischen Bedürfnisse genommen wird, reagieren aggressiv oder verängstigt.

„Verhaltensstörungen sind Problemlösungsversuche, die es Kindern und Jugendlichen ermöglichen, die jeweilige Konfliktsituation zu bewältigen. Anstatt diesen ‚Notsignalen' nachzugehen und nach den Ursachen in der Umwelt des Kindes zu forschen, beschäftigen sich die Erwachsenen in der Regel mit dem einen Symptom des gestörten Feldes und machen das Kind zum alleinigen Sündenbock für schulische, familiäre und gesellschaftliche Mißstände" (Voß).

Das Verhalten unruhiger, aggressiver, selbstbewußter oder unbeliebter Kinder wird leichtfertig als verhaltensgestört, schwierig oder hyperaktiv etikettiert. So kann aus einem „normalen" Kind durch die Interpretation seines Verhaltens ein krankes und behandlungsbedürftiges Wesen gemacht werden.

5.4 Verse und Geschichten als Einstieg zum Gespräch über schwierige Kinder

Es ist viel einfacher, positive Dinge zu übermitteln, als ein Problemgespräch zu führen. Insbesondere wenn Erziehungsfragen und Erziehungsverhalten im Rahmen eines Elternabends diskutiert werden sollen, können Verse und Geschichten kleine „Hilfsbrücken" sein, die es uns Erziehern erleichtern, gemeinsam mit den Eltern in die Thematik einzusteigen.

In der Einführung zu Kapitel 1 hatte ich Sie gebeten, das Verhalten eines „schwierigen" Kindes und Ihr eigenes Verhalten aufzuschreiben.

Ich hoffe, Sie haben die Niederschrift aufbewahrt.

Greifen Sie nun das Problem oder die Verhaltensweise heraus, die Sie am dringlichsten mit den Eltern besprechen bzw. im Rahmen eines Elternabends angehen wollen.

Ein Beispiel: Wenn die Mutter U. ihr Kind abholt, empfängt sie es sofort mit Befehlen und Anordnungen: „Wie siehst du denn aus! Überall Farbe. Die Nase läuft ..."

Das Kind reagiert der Mutter gegenüber aggressiv, streckt die Zunge heraus. Diese beschwert sich bei Ihnen über das schlechte Verhalten ihres Kindes: „Das kommt alles durch den Kindergarten! Kinder aus dem Kindergarten kommen mir nicht ins Haus."

Und jetzt kramen Sie in Ihrer Verse- oder Geschichtensammlung.

Da finden Sie dann z. B. das Gedicht:

Vom braven Oliver

Nein, nein! und nochmals nein!
rief Frau Adelheid Rocke.
Mein Oliver soll kein Dreckspatz sein.
Her mit der großen – riesengroßen KÄSEGLOCKE.
Freche Jungen mit langen Zungen,
die Oliver zausen,
bleiben hübsch draußen.
Brav in der Hocke unter der Glocke
sitzt Oliver, dem nichts mehr passiert.
Saubere Nägel, sauberer Zeh,
dreimal gibt's Zwieback ohne Gelee,
weil das so schmiert.
Armer Oliver,
der nicht kleckert, nicht dreckert,
bohrt nie in der Neese.
Was wird aus ihm?
Edamer Käse.

Hanna Hanisch

Zu einer anderen Problematik paßt vielleicht dieses Gedicht:

Spaziergang

Zieh die Strümpfe hoch.
Bleib nicht dauernd stehn.
Hast du noch nie einen Dackel gesehn?
Schau, wo du hintrittst. Da liegt ein Stein.
Und laß jetzt endlich das Pfeifen sein.
Hier hast du ein Eis. Beklecker dich nicht.
Und mach nicht so ein saures Gesicht.
Heute ist Sonntag!

Oder:

Katharina

Katharina, Katharine,
schrieb auf einer Schreibmaschine nachts um zwölf,
als alles schlief, an die Eltern diesen Brief:

Sagt mir einmal, warum dürfen
große Leute Suppe schlürfen?
Warum dürfen sie laut gähnen,
warum stochern sie in Zähnen,
weshalb dürfen sie in Ohren,
mit dem kleinen Finger bohren?
Warum darf ich's aber nicht?
Warum habe ich die Pflicht,
einem Musterkind zu gleichen
Fragezeichen.

Hans Manz

Und sicher finden Sie noch viele andere Verse, die Ihnen helfen können, in das heikle Thema „Schwierige Kinder" einzusteigen.

An dieser Stelle ein Tip:
Durchforsten Sie einmal Ihre Kindergedichte-
sammlung und ordnen Sie die Verse bestimmten Stichpunkten zu. Sie werden viele finden,
die sich für die Arbeit mit Eltern eignen.
   Aber auch Bilder- und andere Kinderbücher sind für diesen Zweck geeignet.

Hier einige Beispiele (keineswegs eine vollständige Liste!):

„Mit Jakob wurde alles anders" Kirsten Boie, Oetinger-Verlag

„Nele ist 12 und zum ersten Mal verliebt. In Oliver, einem Typ aus ihrer Klasse. Aber der scheint absolut nichts zu merken. Dabei ist Nele ziemlich sicher, daß Oliver sie auch liebt. So was spürt man einfach, und Gefühle können nicht lügen. Aber Nele hat noch ein anderes Problem, und das fängt nicht mit O an,

sondern mit J wie Jakob. Seit Jakob geboren wurde, ist zu
Hause nämlich nichts mehr so wie früher. Gussi fühlt sich vernachlässigt, und Mama und Papa haben die Rollen getauscht.
Nele ist das richtig peinlich. Klar, berufstätige Mütter gibt es
auch in anderen Familien, aber Väter, die den Haushalt machen?"

Dieser Text steht auf dem Cover zu vorliegendem Buch.
Er gibt nur einen sehr knappen Einblick in den Inhalt.

Das Buch handelt von einem Ehepaar mit zwei Kindern, Nele und Gussi. Die Mutter hat beschlossen, mit
dem Eintritt von Gussi in den Kindergarten wieder berufstätig zu werden. Sie hat eine Stelle gefunden und den
Vertrag bereits unterzeichnet. Doch sie wird schwanger.
Da beide Eltern einen ähnlichen beruflichen Status haben,
entscheidet sich der Vater, den Beruf aufzugeben und
Kinder und Haushalt zu versorgen: „Das neue Kind wird
mein Kind werden." Eine Kette von Ereignissen folgt: Die
Mutter kehrt in den Beruf zurück und hat eine Vielzahl
von Anfangsschwierigkeiten zu bewältigen. Der Vater ist
mit der Organisation des Haushaltes und der Betreuung
der Kinder überfordert. Er will alles in der gleichen Qua-
lität erledigen wie seine Frau und leidet darunter, wenn
ihm dies nicht gelingt. Nele ist zum ersten Mal verliebt
und findet in der Familie niemanden, der genügend Zeit
hat, mit ihr über all ihre Fragen zu sprechen. Gussi geht in
den Kindergarten, fühlt sich dort aber nicht wohl und
zeigt ein stark regressives Verhalten. Er näßt ein, läuft im
Kindergarten weg, usw.

Haben Sie vielleicht Kinder mit einem ähnlichen familiären Hintergrund in Ihrem Kindergarten?

Je nachdem, welche Passagen man aus dem Buch aus-
wählt, kann man sich auf die Probleme eines Mädchens in
der Pubertät konzentrieren, auf die Probleme, die beim
Eintritt in den Kindergarten entstehen, auf die Reaktionen, welche die Geburt eines Geschwisterteils auslösen,
auf die Folgen, die eine andere Rollenverteilung zwischen
den Eltern mit sich bringt.

Eltern werden selbst Parallelen herausfinden und Vergleiche mit ihrer eigenen Familiensituation anstellen. Vielleicht tun sie dies im Gespräch mit anderen Eltern und den Erziehern, vielleicht aber auch daheim.

Auf jeden Fall können wir durch die Arbeit mit diesem Buch viel Positives für unsere Kinder erreichen.

Suchen Sie die Ihrem Zweck entsprechenden Passagen des Buches heraus und lesen Sie sie im Rahmen eines Elternabends vor. Es lassen sich ohne größere Schwierigkeiten „10 Minuten-Geschichten" zusammenstellen. Sie können jedoch auch das Buch an Eltern ausleihen. Diese werden erstaunt sein, was in den Köpfen von Kindern vorgehen und diese möglicherweise belasten kann.

Ein anderes Beispiel ist ein Bilderbuch wie

„Ich will aber nicht!" Ursula Kirchberg, Renate Hanewald, Ellermann Verlag.
(Ich empfehle Ihnen dieses Buch für die Elternarbeit, nicht für die Hand des Kindes.)

Krischas Mutter ist berufstätig. Den Haushalt besorgt Frau Knolle. Sie bringt Krischa auch in den Kindergarten. Krischa sieht, wie andere Kinder von ihren Müttern gebracht und liebevoll verabschiedet werden. Er reagiert darauf mit starken Verhaltensauffälligkeiten, wird aggressiv, schlägt andere Kinder und läuft weg. Keiner kommt auf die Idee, was die Ursache für sein Verhalten sein könnte. Unter Tränen erzählt er schließlich seiner Mutter, was ihn so sehr belastet ...

Das Buch wird viele Eltern betroffen machen, sowie zum Nachdenken und Überdenken der persönlichen Situation anregen.

So gibt es viele Kinderbücher, die deutlich machen, daß es schwierige Kinder nicht gibt! Schauen Sie unter diesem Gesichtspunkt einmal das Angebot der Bibliothek oder Buchhandlung durch ...

Schlußbemerkungen

Vielleicht haben Sie beim Lesen dieses Buches jetzt doch die „Rezepte" vermißt, die Spiele, Übungen und Therapiemöglichkeiten für die Arbeit im Kindergarten. Sie kennen sie bereits; deshalb habe ich sie hier nicht nochmals festgehalten.

Wir alle entfernen uns nur zu schnell von bewährten und tradierten Methoden der Kindergartenarbeit. Wir stürzen uns auf das sogenannte Neue und auf wissenschaftliche Erkenntnisse, von denen wir glauben, daß sie uns die Arbeit erleichtern würden.

Programme, Übungen und Therapien sind uns wichtiger als das Beobachten und Analysieren von Prozessen und Verhaltensmustern.

Wir ärgern uns über eine Auffälligkeit, eine Verhaltensweise. Wir suchen nach Maßnahmen mit Sofortwirkung. Eltern und Erzieher glauben z. B. nur zu schnell an die Wunderwirkung eines Spiels, das alle Konzentrationsstörungen beheben soll. Nicht das Spiel als solches hilft, sondern die Art, wie sich ein Erwachsener beim Spiel dem Kind widmet, ihm gegenüber Verständnis und Einfühlungsvermögen zeigt.

Wir wünschen uns bessere Räume, mehr Material, kleinere Gruppen, mehr Personal.

Sicher wäre es schön, wenn die Kindergruppen kleiner wären, aber viele tradierte Beschäftigungen, wie z. B. das Kreisspiel oder das Singen machen dann keinen Spaß mehr. Und mehr Personal heißt gleichzeitig auch mehrere Erziehungsstile, fordert eine differenzierte und komplizierte Abstimmung der Betreuer untereinander.

Es ist nachgewiesen, daß „schwierige" Kinder öfter und länger angesprochen werden müssen und mehr individueller Zuwendung bedürfen. Wie wir uns als Erzieher im konkreten Fall verhalten (sollten), ergibt sich aus der Kenntnis unserer Kinder, unseren Zielsetzungen, dem erzieherischen Handlungsbedarf der jeweiligen einzigartigen Situation. Wenn wir mehr Zeit für die Kinder brauchen, so heißt das, daß wir unsere Zeit besser und anders einteilen müssen. Unsere Zeit gehört in erster Linie den Kindern und nicht der Bastelarbeit für den Basar u. ä. Bei genauer Prüfung werden wir viel Zeit dazugewinnen!

An den Erzieher von heute werden immer größere Anforderungen gestellt. Was aber fehlt, ist die entsprechende wirklichkeitsnahe Vorbereitung in der Ausbildung und die helfende Begleitung in der Fortbildung.

„Wir fühlen uns alleingelassen", berichteten Erzieher bei einer Fortbildung. Ob Aus- und Fortbildung bald adäquat verbessert werden?

 Vielleicht gelingt es Ihnen, Impulse zu setzen, Ihre Erfahrungen weiterzugeben, entsprechende Gespräche und Fortbildungen zu initiieren.
Wählen Sie dazu den Titel einer Sammlung von Texten Maria Montessoris:
„Spannungsfeld Kind – Gesellschaft – Welt"
oder:
„Gibt es wirklich das schwierige Kind?"

Maria Montessori sagte 1946:

„Wenn wir von Freiheit in der Erziehung sprechen, so meinen wir Freiheit für die schöpferische Kraft, welche der Lebensdrang zur Entwicklung des Individuums ist. Es handelt sich nicht um eine zufällige Kraft, wie um die einer explodierenden Bombe. Diese Kraft hat eine Lenkung, eine sehr feine, unbewußte Direktive, deren Sinn es ist, einen normalen Menschen zu entwickeln. Wenn wir von freien Kindern sprechen, denken wir an diese Kraft, die zum rechten Aufbau der Kinder frei sein muß. Diesem Zweck müssen wir helfen. Wenn wir das tun, so erleben wir, daß die Kinder zu diesem Lebensdrang zurückfinden und normal werden. Und wenn dies geschieht, schwinden alle Abweichungen.

Dieses Phänomen entsteht aus den Lebensbedingungen. Und so muß die Behandlung schwieriger Kinder darin bestehen, ein freies Leben für sie vorzubereiten, in der Vorbereitung einer Umgebung, weil die Umgebung Teil des Lebens ist und es Leben ohne Umgebung nicht gibt ... In der richtigen Umgebung entsteht Normalität in natürlicher Weise von selbst. Sie müssen verstehen, daß Sie ganz unartige Kinder nicht urplötzlich verwandelt sehen, wenn sie in der richtigen Umgebung sind. Jedes Kind hat seine besondere Weise von Unartigkeit. Jedes Kind ist anders und reagiert also anders. So wird sich eines Tages ein Kind auf eine bestimmte Arbeit konzentrieren. Und danach werden wir empfinden, daß es sich geändert hat. Aber Ihr Auge muß geübt sein, dieses Phänomen zu erkennen ...

Ich kann Ihnen nicht Brillen geben, dies zu sehen ... Es ist nicht so leicht, den Unterschied zu sehen, weil Akte der Zerstörung und der Unordnung so viel leichter zu bemerken sind als normales Verhalten."

Literatur

1. *Brezinka Wolfgang*, Metatheorie der Erziehung, München/ Basel 1978
2. *Hüffner Ute*, Gehemmte Kinder im Schulkindergarten, in: Theorie und Praxis der Sozialpädagogik (TPS) 4/79
3. *Klafki Wolfgang*, Handlungsforschung im Schulfeld, in: Zeitschrift für Pädagogik 19/73
4. *Kloehn Ekkehard*, Schwierige Kinder, Reinbek bei Hamburg 1981
5. *Korczak Janusz*, Das Recht des Kindes auf Achtung, Göttingen 1970/1979
6. *Korczak Janusz*, Von Kindern und anderen Vorbildern, Gütersloh 1979
7. *Montessori Maria*, Spannungsfeld Kind – Gesellschaft – Welt, Freiburg 1979
8. *Oswald/Schulz-Benesch*, Grundgedanken der Montessori-Pädagogik, Freiburg [10]1990
9. *Read K. H.*, Handbuch des Kindergartens, Ravensburg 1974
10 *Voß Reinhard*, Erfolg durch Pillen schaffen?, in: Jugendschutz. Impulse der Kath. Arbeitsgemeinschaft. Jugendschutz NW e.V., Münster 4/1984
11. *Wörterbuch der Psychologie*, München 1975

Praxisbuch Kindergarten

Für Ausbildung und Beruf

Organisation und Planung

Almuth Künkel
Streßbewältigung im Kindergarten
Wie Sie sich dauerhaft vor Überlastung schützen können
ISBN 3-451-26137-5

Almuth Künkel/Rita Watermann
Management im Kindergarten
Grundlagen für Leitungsaufgaben
ISBN 3-451-23001-1

Brunhilde Schütt
Anleiten im Praktikum
Grundlagen, Situationsanalyse, erprobte Wege
ISBN 3-451-22927-7

Martin R. Textor (Hg.)
Elternarbeit mit neuen Akzenten
Reflexion und Praxis
ISBN 3-451-23002-X

Martin R. Textor
Projektarbeit im Kindergarten
Planung, Durchführung, Nachbereitung
ISBN 3-451-22785-1

HERDER

Im Buchhandel erhältlich!